Juliano Schimiguel
(Organizador)

Tendências e Atualidades em

Computação e Tecnologias da Informação e Comunicação (TIC)

EDITORA
CIÊNCIA MODERNA

Tendências e Atualidades em Computação e Tecnologias da Informação e Comunicação (TIC)

Editor: Paulo André P. Marques
Produção Editorial: Dilene Sandes Pessanha
Capa: Daniel Jara
Diagramação: Daniel Jara
Copidesque: Equipe Ciência Moderna

FICHA CATALOGRÁFICA

SCHIMIGUEL, Juliano (Org.)

Tendências e Atualidades em Computação e Tecnologias da Informação e Comunicação (TIC)

Rio de Janeiro: Editora Ciência Moderna Ltda., 2025.

1. Ciência da Computação 2. Tecnologia
I — Título

ISBN: 978-65-5842-455-0 CDD 004

Editora Ciência Moderna Ltda.
R. Alice Figueiredo, 46 – Riachuelo
Rio de Janeiro, RJ – Brasil CEP: 20.950-150
Tel: (21) 2201-6662/ Fax: (21) 2201-6896
E-MAIL: LCM@LCM.COM.BR
WWW.LCM.COM.BR **05/25**

Agradecimentos

Agradeço aos meus filhos, Júlia e Vinícius, pela paciência, companheirismo e afeto de sempre. À minha esposa Caroline Daniele, pela amizade, companhia e amor incondicional. Aos meus pais, Marco e Adélia, por todo o investimento, experiência, base familiar, educação, que me deram. Aos meus irmãos, Rafael e Gisele; e sobrinhos Enzo, Eliezer, João Pedro e Mirele. Retribuo também à Universidade Cruzeiro do Sul (Programa de Doutorado /Mestrado em Ensino de Ciências e Matemática), e ao Centro Universitário Anchieta, pela oportunidade de trabalharmos em conjunto.

Prefácio

É com grande satisfação que apresentamos a vocês esta obra, *"Tópicos e Tendências em Computação"*, resultado do trabalho dedicado de pesquisadores apaixonados pela área de computação, vinculados a instituições renomadas e de destaque no cenário acadêmico e tecnológico. Ao longo dos anos, esses profissionais têm se dedicado ao desenvolvimento de novas tecnologias e metodologias inovadoras, buscando compreender e contribuir para as transformações digitais que moldam o mundo. Esta coletânea reflete o compromisso dessas instituições e de seus pesquisadores em promover a excelência acadêmica e a inovação, proporcionando uma contribuição significativa para o avanço da ciência e da tecnologia.

Cada capítulo desta coletânea reflete um profundo compromisso com a excelência acadêmica e científica, explorando as tendências mais atuais e suas aplicações práticas. Os autores, que atuam em universidades e centros de pesquisa de referência, compartilham aqui seus conhecimentos e descobertas, oferecendo uma visão abrangente sobre tópicos essenciais, que vão desde a mineração de dados até a inteligência artificial e a segurança cibernética. Esta obra é uma leitura valiosa tanto para profissionais da área quanto para todos que se interessam pelas inovações tecnológicas que estão transformando o nosso cotidiano.

Abrindo a coletânea, a professora Vera Lucia Almeida Forbeck, da Universidade Cruzeiro do Sul, nos convida a explorar o fascinante mundo da mineração de dados. Ela apresenta os fundamentos desta disciplina e mostra como a análise de grandes volumes de dados pode gerar insights valiosos, contribuindo para a tomada de decisões mais eficazes e estratégicas. O estudo de Forbeck destaca a ciência de dados como uma ferramenta essencial para o sucesso organizacional e a inovação.

Na sequência, Marcelo Eloy Fernandes, da Faculdade de Tecnologia Padre Danilo José de Oliveira Ohl – Fatec Barueri, nos apresenta o capítulo Computação Natural:

Paradigmas, Técnicas e Aplicações, que explora um campo emergente da computação inspirado em processos e fenômenos naturais para desenvolver algoritmos e sistemas capazes de resolver problemas complexos. Fernandes nos leva a um passeio pelos fundamentos e a evolução histórica da Computação Natural, diferenciando-a da computação tradicional. Técnicas como Algoritmos Evolutivos, Computação Neuromórfica, Computação com DNA, Sistemas Imunológicos Artificiais e Vida Artificial são discutidas, evidenciando suas aplicações em otimização de processos, modelagem de sistemas complexos, inteligência artificial e robótica. O capítulo também aborda os desafios enfrentados pelo campo, como a complexidade computacional e o ajuste de parâmetros, além de explorar as perspectivas futuras e a integração com áreas como Inteligência Artificial, Computação Sustentável e Biologia Sintética. Para ilustrar a eficácia dessas abordagens, Fernandes apresenta um estudo de caso sobre a aplicação de Algoritmos Evolutivos na otimização de redes de energia, demonstrando como a Computação Natural pode transformar a maneira como resolvemos desafios tecnológicos e ambientais.

O engenheiro Michel Bernardo Fernandes da Silva, doutorando pela Escola Politécnica da Universidade de São Paulo, nos conduz a uma reflexão sobre os desafios e avanços na segurança de veículos autônomos. Ele aborda a necessidade urgente de reduzir acidentes de trânsito, explorando como a tecnologia pode ser uma aliada crucial nesse processo. Silva nos mostra como a comunicação avançada entre veículos e infraestrutura pode melhorar a segurança viária, trazendo uma perspectiva promissora para o futuro da mobilidade urbana.

Rodolfo Avelino nos oferece uma visão abrangente sobre os desafios contemporâneos da cibersegurança. Ele nos alerta para a rápida evolução das ameaças digitais e discute as estratégias mais eficazes para proteger dados e sistemas. Avelino destaca a importância de uma postura proativa e da constante atualização em um mundo cada vez mais interconectado, onde a segurança cibernética se tornou uma prioridade absoluta.

Fábio F. Santos, da Universidade Cruzeiro do Sul, traz uma análise comparativa sobre a gestão de projetos, contrastando abordagens tradicionais e ágeis. Ele explora como essas metodologias podem ser aplicadas de forma eficaz em diferentes contextos, oferecendo uma visão equilibrada sobre as vantagens e desafios de cada uma. O estudo de Santos é um guia valioso para gestores que buscam adaptar suas práticas às demandas de projetos dinâmicos e complexos.

Arnaldo Jorge de Almeida Junior, mestre em Engenharia Elétrica e especialista em Gestão da Inovação pela UNICAMP nos leva a uma imersão na Indústria 4.0. Ele contextualiza a evolução das revoluções industriais e explora como tecnologias emergentes, como a Internet das Coisas (IoT) e a Inteligência Artificial, estão transformando os processos produtivos. Seu estudo nos convida a refletir sobre as oportunidades e desafios que essas inovações trazem, tanto para o mercado de trabalho quanto para a sociedade como um todo.

No campo da saúde, Sergio R. M. Penedo, da Universidade Cruzeiro do Sul, apresenta um estudo inovador sobre a detecção de patologias cerebrais utilizando técnicas de processamento de imagens. Ele mostra como algoritmos de Inteligência Artificial podem auxiliar na análise de imagens médicas, proporcionando diagnósticos mais rápidos e precisos. Sua pesquisa exemplifica a interseção promissora entre tecnologia e medicina, oferecendo novas possibilidades para o tratamento e o cuidado com a saúde.

O professor Cléber Silva explora as potencialidades da Internet das Coisas (IoT), discutindo como essa tecnologia está transformando a interação entre dispositivos e moldando nosso cotidiano. Silva apresenta um panorama da evolução tecnológica e dos desafios que a IoT traz para a sociedade, especialmente em termos de privacidade e segurança. Seu estudo conclui com uma análise sobre o impacto do 5G, que promete ampliar ainda mais as possibilidades de interconexão e inovação tecnológica.

Vanderlei Ienne, do Centro Universitário Anchieta, oferece uma visão detalhada sobre Machine Learning e suas diversas aplicações. Ele explora como o aprendizado de máquina está sendo utilizado em áreas como saúde e recomendação de produtos, e destaca a importância de uma infraestrutura tecnológica robusta e de uma formação adequada para maximizar os benefícios dessa tecnologia. O capítulo de Ienne convida o leitor a explorar o potencial transformador do aprendizado de máquina em diversos setores.

A professora Cibele Andréa Gomes de Godoy apresenta uma análise sobre a computação em nuvem no Brasil, discutindo suas aplicações e benefícios em diferentes setores. Godoy mostra como a nuvem tem se tornado um recurso essencial para a inovação e a eficiência organizacional, e destaca a importância de regulamentações que incentivem sua adoção segura e eficaz. Sua pesquisa traz uma perspectiva clara sobre o papel da computação em nuvem no desenvolvimento econômico e tecnológico do país.

Encerrando esta obra, Rafael Cavallari, também do Centro Universitário Anchieta, aborda o tema do gerenciamento de equipes em home office, um modelo de trabalho que ganhou destaque durante a pandemia e que promete continuar relevante. Cavallari analisa as melhores práticas para liderar equipes remotamente, destacando a importância da comunicação e da gestão eficiente para garantir a produtividade e o bem-estar dos colaboradores. Seu estudo é um recurso valioso para líderes que buscam adaptar suas práticas a essa nova realidade de trabalho.

Esperamos que esta leitura seja inspiradora e que os conhecimentos aqui apresentados despertem novas ideias e reflexões sobre como essas tecnologias podem transformar não só o nosso presente, mas também o futuro. Que cada capítulo traga insights valiosos e motive todos a explorar mais a fundo as áreas estudadas.

Boa leitura!
Prof. Dr. Marcelo Eloy Fernandes

Minicurrículo

Arnaldo Jorge de Almeida Jr, há mais de 25 anos participa do desenvolvimento de soluções, organizações e profissionais para as demandas de tecnologia da informação do Brasil e América Latina. Formado em Ciência da Computação, Mestre em Engenharia Elétrica e Especialista em Gestão da Inovação pela UNICAMP.

Cibele Godoy é Doutora (2023) em Engenharia Elétrica e Computação com foco em inteligência artificial e crimes cibernéticos, Mestre (2000) em Engenharia Elétrica e Computação com foco em previsão de riscos em projetos de TI (método de Monte Carlo), Advogada (2017 – OAB/SP: 402.641) e Bacharel em ciências com Licenciatura em Matemática (1992). Certificações: DPO, CISO, Cloud Computing Security Specialist, Agile, Scrum Master, ITIL, COBIT, ISO 27001 e HCMBOK to Agile. Profissional com mais de 20 anos de experiência em cargos executivos responsável pela Área de Tecnologia da Informação. Coautora dos livros: Mulheres na Inteligência Artificial (em andamento) Open Justice na Era da Hiperconectividade, Direito, inovação e tecnologia, Mulheres na Tecnologia, Por trás da TI, Liderança Feminina, Memórias de Líderes da alta Gestão, ESG, e Felicidade no Trabalho.

Cléber Silva Ferreira da Luz é Pesquisador na área de Computação de Alto Desempenho com foco em algoritmos paralelos. Doutor em Engenharia de Computação pela Escola Politécnica da Universidade de São Paulo (2018). Possui Mestrado pela Universidade Federal do ABC (2013). Possui graduação em Ciência da Computação pela Universidade São Judas Tadeu (2010). Docente na universidade Cruzeiro do Sul (UNICSUL) nos cursos de graduação e pós-graduação presenciais e a distância (EaD) relacionais à computação. Atua também, como docente na universidade São Judas Tadeu (USJT) nos cursos presenciais de graduação e EaD na área de Computação. Consultor na área de análise de dados.

Fábio Freitas dos Santos é Consultor em Gestão de Projetos, e Gerente de Projetos; possui MBA em Gestão de Projetos com Ênfase no PMI, Pós-graduação em Ciência de Dados (Big Data), Pós-graduação em Gestão de Processos e Qualidade, Docente Universitário (Universidade Cruzeiro do Sul) no Curso de Tecnologia da Informação.

Juliano Schimiguel possui Doutorado em Ciência da Computação pela Universidade Estadual de Campinas - UNICAMP (2006), Mestrado em Ciência da Computação pela Universidade Estadual de Campinas - UNICAMP (2002) e Graduação de Bacharelado em Informática pela Universidade Estadual de Ponta Grossa (1999). Atualmente é Coordenador do Mestrado Profissional (MP) em Ensino de Ciências e Matemática, Professor Permanente do Programa de Doutorado / Mestrado em Ensino de Ciências e Matemática, Coordenador de Estágio Supervisionado e de TGI - Trabalho de Graduação Interdisciplinar, do Curso de Bach. em Ciência da Computação, da Universidade Cruzeiro do Sul (São Paulo, SP); Professor do Centro Universitário Anchieta - UNIANCHIETA (Jundiaí, SP); Associado Profissional no Pecege da USP/Esalq (Piracicaba/SP), e Professor Formador na Pós-graduação em Inovação na Educação Mediada por Tecnologias na UFABC/MEC/UAB. Tem experiência na área de Ciência da Computação, com ênfase em Interação Humano-Computador (IHC) e Engenharia de Software, atuando principalmente nos seguintes temas: desenvolvimento web, design e avaliação de interfaces, sistemas de informação geográfica, geoprocessamento, análise de sistemas, UML, UP, ensino-aprendizagem de tecnologias e matemática, conteúdos digitais interativos, objetos de aprendizagem, ambientes virtuais e colaborativos, jogos para o ensino, etc.

Marcelo Eloy Fernandes possui dois Pós-doutorados, um no Programa de Ensino de Ciências e Matemática e outro em Engenharia de Produção. Além disso, é doutor em Engenharia de Produção e mestre em Administração. Sua formação acadêmica é vasta, incluindo graduações em Análise de Sistemas, Administração, Ciências Contábeis, Direito, Engenharia de Produção, Gestão Pública, Pedagogia, Filosofia e Matemática. Ele também conta com mais de 30 especializações (lato sensu), destacando-se nas áreas de Engenharia de Segurança do Trabalho, Sistemas de Informação Gerencial, Docência no Ensino Superior, Gestão da EAD, MBA em Marketing, MBA em Engenharia da Qualidade, MBA em Gestão Ambiental e Governança de TI. Com uma carreira profissional de 29 anos, o profissional tem sólida experiência em Sistemas de Gestão, Gestão de Processos Produtivos, Auditoria de Sistemas e Modelagem de Sistemas de Informação. Atua como professor universitário desde 2001 e está na gestão de cursos desde 2005. Além de seu papel acadêmico, é consultor especialista do Conselho Estadual de Educação de São Paulo (CEESP), membro ativo da SBC (Sociedade Brasileira de Computação), da ABEPRO (Associação Brasileira de Engenharia de Produção) e consultor do INEP na avaliação de cursos superiores no Brasil. O pesquisador também atua como consultor ad-hoc no ENADE-MEC, com foco em: Administração da Produção, Ciência da Computação e Sistemas de Informação, é parecerista de periódicos nacionais e internacionais, tendo contribuído com diversas publicações em conferências e revistas renomadas.

Michel Bernardo Fernandes da Silva é formado em Engenharia Elétrica opção Telecomunicações pela Escola Politécnica da Universidade de São Paulo (POLI-USP) e mestre em Engenharia Elétrica pela mesma instituição. Concluiu os cursos de Pós-graduação em Finanças e MBA Executivo no Insper. Possui experiência profissional de mais de 13 anos na área financeira e já atuou como professor universitário e de pós-graduação em diversas instituições como FMU, Uninove e Anhanguera. Atualmente, está cursando Doutorado em Engenharia Elétrica na Escola Politécnica da Universidade de São Paulo e desde 2013 é professor dos cursos superiores de tecnologia em diversos campi da Universidade Paulista, UNIP. É autor do Livro Cibersegurança: uma visão panorâmica de segurança de informação na Internet.

Rafael da Gama Cavallari é bacharel e licenciado em Matemática pela Unicamp e mestre em Educação Matemática pelo Instituto Federal de Educação, Ciência e Tecnologia de São Paulo. Apaixonado por matemática e por jogos, atua como analista de dados e professor de ensino superior na região de Campinas/SP.

Rofolfo da Silva Avelino é Doutor pela Universidade Federal do ABC(2021); Mestre em TV Digital pela UNESP (2014), pós-graduado em Cyber Threat Intelligence pelo IDESP/Daryus (2023), Perícia Forense Computacional pela Universidade Cruzeiro do SUL (2023), MBA em Gestão e Tecnologia em Segurança da Informação pela faculdade Impacta e Daryus (2021), Design Instrucional para EAD Virtual pela Universidade Federal de Itajubá e Docência no cenário do ensino para compreensão pela Universidade Cidade de São Paulo. Possui graduação em Sistemas de Informação pelo Centro Universitário Fundação Santo André (2003). É Professor no curso de Engenharia e de Ciência da Computação do Insper. Ainda no Insper é membro do Comitê Acadêmico e contribui nas discussões relacionadas à estratégia acadêmica da escola. Membro eleito do Comitê Gestor da Internet no Brasil (CGI.br). Experiência como consultor e especialista em segurança da informação há mais de 28 anos. Como sociedade civil e terceiro setor atuou em programas sociais e contribui na elaboração de políticas públicas de inclusão digital em municípios como São Paulo, Santo André e no Ministério da comunicação no governo federal. Pesquisador no Laboratório de Tecnologias Livres (LabLivre) da UFABC e componente da ONG Coletivo Digital. Participou da coordenação pedagógica do Programa Federal (MiniCom) Telecentros.BR (2010-2012), na plataforma em ambiente virtual de aprendizagem para a formação de agentes de inclusão digital.

Sergio Ricardo Master Penedo é Doutor em Engenharia Eletrônica pela Escola Politécnica da USP (2014) e Mestre em Engenharia Eletrônica pela Universidade Federal de Santa Catarina (2000). Publicou 3 livros, possui 1 software sem registro e participou de mais de 50 Simpósios Científicos no Brasil e no Exterior, tendo recebido o Prêmio Jovem Cientista por seu trabalho 'Sistema Audiovisual Computadorizado para Auxílio no Treinamento de Deficientes Auditivos Utilizando o Parâmetro de Energia do Sinal de Voz'. Já atuou como Coordenador de Curso de Eng. Elétrica, Eng. de Telecomunicações, Eng. de Produção, Eng. da Computação e Ciência da Computação. Pesquisador em Processamento de Sinais, Programação Evolucionária, Automação e Robótica, Engenharia Biomédica e Inteligência Artificial. Programador em C/C++/C#/Java/PHP. Possui orientação acadêmica de mais de 60 TCCs de graduação e monografias de pós-graduação. Atua em projetos acadêmicos de Inovação Tecnológica, Web Analytics, UI/UX, Soluções em Big Data Analytics, Business Process Analysis (BPA), Cognifying/IoT e Levantamento de Métricas de Uso para Evolução Contínua de Produtos Digitais.

Vanderlei Ienne é Doutorando em Comunicação Social pela UMESP Universidade Metodista de São Paulo, Doutorando em Educação pela UNICID Universidade de São Paulo, Mestre em Ciências da Computação pela UNIMEP Universidade Metodista de Piracicaba, Especialista em Internet pela USF Universidade São Francisco, Especialista em Capacitação e Aperfeiçoamento Docente do Ensino Superior pela FCG Faculdade de Ciências Gerenciais, Especialista em Coordenação Pedagógica pela Faculdade Descomplica, MBA em Gestão de Projetos pela Anhanguera, Extensão em Estudo e Aprendizado em EAD pela Faculdade São Luís, Inglês Advance Level na Swan Training Institute Dublin Irlanda, Graduado em Análise de Sistemas pela USF Universidade São Francisco, Gerente de Projetos, Professor, Coordenador de Cursos de Graduação e Pós-graduação na área da TI, com mais de 30 anos na área da Tecnologia da Informação, atuando em empresas de médio e grande porte, prospecção de novas implementações tecnológicas, planejamento estratégico, desenvolvimento de novas ideias.

Vera Lúcia Almeida Forbeck é formada em Processamento de Dados pela Universidade Presbiteriana Mackenzie, tendo feito algumas especializações como Didática do Ensino Superior e Análise de Sistemas, também pela Universidade Mackenzie. Tem também Licenciatura para ministrar Aulas no ensino técnico. Outras especializações como: Especialização em Planejamento, Implementação e Gestão de EaD pela UFF; Especialização em Inovação e Gestão em EAD pela USP. Mestrado em Educação pela Faculdade Hebraica Renascença; e Mestrado em Ciência da Computação pela Unimep, sempre mesclando as áreas de Educação com Computação. Outras Especializações em Andamento: Ciência de Dados e Inteligência Artificial pela Prisma. Já atuou nas instituições: Escola Técnica Oswaldo Cruz, Universidade São Judas Tadeu, Colégio Mackenzie, Faculdade Rio Branco, Unip, Unisepe, Faculdade Drummond, FAM, Universidade Cruzeiro do Sul, entre outras. Atualmente lecionando na Universidade Anhembi Morumbi.

Sumário

1

Mineração de Dados: uma Revisão de Conceitos

Vera Lucia Almeida Forbeck
Universidade Anhembi Morumbi
vforbeck@uol.com.br

Resumo

Com esse proposto pretendemos apresentar conceitos básicos e importantes sobre a mineração de dados, o que devemos levar em consideração na análise dos dados, determinar as informações que iremos levar em consideração, sua limpeza para uma melhor utilização das mesmas de modo a produzir conhecimento que possa ser usado para produzir ganhos.

Palavras-chaves

Mineração de Dados, Análise de Dados, KDD

1.1. Introdução

Estamos numa época em que desenvolver perfis para uma melhor identificação de público-alvo, com foco em vendas, por exemplo, destinado na compra de determinados produtos, é preciso ressaltar que isso já ocorria antes, especialmente no caso do comércio eletrônico, e hoje se aplica a muitas outras áreas e com vários propósitos. Nas últimas décadas, em que muitas das operações e atividades das instituições são armazenadas em grandes bases de dados, a técnica da mineração de dados – *Data Mining* (DM) – é uma das melhores alternativas para extrair conhecimento a partir de grandes volumes de dados e padrões, gerando regras que podem ajudar as instituições nas tomadas de decisão mais rápidas.

Atualmente, termos o conhecimento devidamente identificado, que nos fornece estratégicas para a busca de maior autonomia nas ações de diversas empresas, como a tomada de decisão com prazos cada vez mais curtos. Por isso, diversas empresas fazem uso da mineração de dados para monitorar as arrecadações, o consumo de clientes, prevenir fraudes e a previsão de riscos do mercado, dentre outras finalidades (COSTA, 2004).

Dessa forma, podemos observar que as tecnologias voltadas para a coleta, o armazenamento e a disponibilização de dados vêm evoluindo e disponibilizando técnicas, métodos e ferramentas computacionais automatizadas, capazes de auxiliar na extração de informações úteis contidas nesse grande volume de dados complexos (ARAÚJO, 2006). Mas por que agora novas técnicas estão surgindo? Com o volume de dados armazenados crescendo cada vez mais, urge a utilização de novas técnicas, pois as tradicionais de exploração de dados não são mais adequadas para tratar a grande maioria dos repositórios.

Como já citado acima, temos a mineração de dados como proposta, surgida no final da década de 1980, a Mineração de Dados, do inglês *Data Mining*. Trata-se de uma das tecnologias mais promissoras da atualidade. Um dos fatores deste sucesso é que não basta apenas armazenar quantidades enormes de dados, mas saber analisá-las devidamente para retirar o máximo possível de informações válidas.

Como já mencionamos, várias áreas se beneficiam da mineração de dados. Podemos citar BRAMER (2007), que apresenta algumas das áreas nas quais a Mineração de Dados é aplicada de forma satisfatória:

- Retenção de clientes: identificação de perfis para determinados produtos, venda cruzada;
- Bancos: identificação de padrões para auxiliar no gerenciamento de relacionamento com o cliente;
- Cartão de Crédito: identificação de segmentos de mercado, identificar padrões de rotatividade;
- Cobrança: detecção de fraudes;
- Telemarketing: acesso facilitado aos dados do cliente;
- Eleitoral: identificação de um perfil para possíveis votantes;
- Medicina: indicação de diagnósticos mais precisos.

1.2. Conceitos

1.2.1. Dados, informações e conhecimento

Para um melhor entendimento da Mineração de Dados (MD), é importante que se defina o conceito do que é um Dado. O termo "dado" normalmente se refere à base da hierarquia DIKW (*Data, Information, Knowledge and Wisdom*), na qual a informação é entendida como dado processado, conhecimento como informação processada ou interpretada e sabedoria como conhecimento interpretado (HJØRLAND, 2018).

Portanto, os dados são uma série de itens discretos, aparentemente soltos na internet, que servem como base para a construção da informação e do conhecimento.

Porém, o dado não apresenta um significado importante e não leva a nenhuma compreensão quando analisado sozinho, pois é necessário analisá-lo dentro de um contexto. Como exemplo, podemos usar os nossos dados pessoais, como nome, idade e estado civil, que podem ser considerados dados, pois isoladamente não constituem uma informação.

De qualquer maneira, existem três tipos de dados:

- qualitativos: indica a qualidade de algo, seja como o tamanho, seja como a cor, por exemplo;
- quantitativos: referem-se exclusivamente a números, cabendo então perguntas como preço ou quantidade e
- categóricos: aqui eles são identificados por categorias, como, por exemplo, carros novos e usados.

Agora, vamos discorrer sobre informação, que nada mais é do que uma estruturação e uma organização de dados, ou seja, ela é o resultado de aplicar contexto aos dados. Em outras palavras, podemos entender que a informação é todo o material que compõe aquilo que é conhecido. Mas ela, por si só, não é o conhecimento como um todo.

Quando este conceito se aplica à área de TI, a computação é utilizada para produzir, transmitir, armazenar, utilizar, acessar e proteger as mais variadas informações disponíveis. Mas, de forma geral, podemos entender a definição deste conceito como sendo a configuração de um determinado dado para o entendimento e a utilização pelo ser humano.

Uma definição simples para conhecimento é que ele, sozinho, é a informação processada e já transformada em experiência por uma pessoa. Sendo assim, o conhecimento acaba por unir as definições anteriores, de modo a permitir além de uma análise, pois podemos usá-lo para obter melhores práticas gerenciais no que tange ao alcance dos objetivos da melhor forma possível. Em outras palavras, podemos entender conhecimento como familiaridade e consciência para com uma pessoa, lugar, evento, ideia ou forma de fazer algo.

Deste conceito surge um outro que possui muita importância, que é a gestão de conhecimento. Este, por sua vez, é o nome dado a um conjunto de tecnologias e procedimentos que tem como finalidade apoiar:

- a criação;
- a transferência e
- a aplicação de conhecimento.

No entanto, normalmente isso ocorre em âmbito empresarial, sendo suficiente para entender como agir em determinadas situações.

1.3. Técnicas de Mineração de Dados

Como já vimos, podemos utilizar esses enormes repositórios de dados para descobrir se há algum conhecimento escondido neles. Um banco de dados de transações comerciais pode, por exemplo, conter registros, indicando produtos que são comprados em conjunto, muitas vezes se utilizando de algoritmo, de modo que propicie esse agrupamento de produtos que, mesmo sendo diferentes, possuem algum relacionamento e, quando se descobre isso, podemos estabelecer estratégias para otimizar os resultados da venda desses produtos.

Para explorar grandes quantidades de dados (tipicamente relacionados a negócios, a mercado ou às pesquisas científicas), com a finalidade de encontrar padrões consistentes e/ou relacionamentos entre variáveis, podemos aplicar os padrões detectados a novos conjuntos de dados. Esse processo consiste basicamente em três etapas: exploração, construção de modelo ou definição do padrão e validação/verificação.

As ferramentas de Data Mining analisam os dados, descobrem problemas ou oportunidades nos relacionamentos dos dados, e então sugerem o que se fazer em relação aos negócios, sem muita intervenção do usuário. Assim, ele pode se dedicar somente a ir em busca do conhecimento e produzir mais vantagens competitivas. Nesse sentido, essas ferramentas, que fazem uso de algoritmos que formam a construção de blocos de inteligência artificial, redes neurais, regras de indução e lógica de predicados, ajudam e auxiliam apenas o trabalho dos analistas de negócio das empresas, contribuindo para que elas sejam mais competitivas e maximizem os seus lucros.

1.4. Principais Técnicas

O Data Mining (DM) é proveniente de três linhagens. A mais antiga delas é a estatística clássica. Sem a estatística não seria possível termos o DM, visto que se trata da base da maioria das tecnologias por meio das quais o DM é construído. Já a segunda linhagem do DM é a Inteligência Artificial (IA). Essa disciplina, que é construída a partir dos fundamentos da heurística, tenta imitar a forma como o homem pensa na resolução dos problemas estatísticos.

A terceira e última linhagem do DM é a chamada Machine Learning, que pode ser melhor descrita como a união entre a estatística e a Inteligência Artificial. Suas técnicas foram muito usadas pela Machine Learning, que foi capaz de se valer das sempre crescentes taxas de preço/performance oferecidas pelos computadores nos anos de 1980 e 1990, conseguindo mais e mais aplicações, devido às suas combinações entre a heurística e a análise estatística.

1.5. Ferramentas usadas no DM

Cada tipo de tecnologia tem as suas vantagens e desvantagens, assim como nenhuma ferramenta consegue atender todas às necessidades em todas as aplicações. Existem ramificações de Data Mining, sendo que podemos destacar as seguintes:

- **Redes neurais:** são sistemas computacionais baseados numa aproximação à computação baseada em ligações. Nós simples (ou «neurões", "neurônios", "processadores" ou "unidades") são interligados para formar uma rede de nós. Daí vem o termo "rede neural".

- **Indução de regras:** a Indução de Regras, ou Rule Induction, refere-se à detecção de tendências dentro de grupos de dados ou de "regras" sobre o dado.

- Árvores de decisão: baseiam-se numa análise que trabalha, testando automaticamente todos os valores do dado para identificar aqueles que são fortemente associados com os itens de saída selecionados para exame.

- **Análise de séries temporais:** a estatística é a mais antiga tecnologia em DM, fazendo parte da fundação básica de todas as outras tecnologias. Ela incorpora um envolvimento muito forte do usuário, exigindo engenheiros experientes, para construir modelos que descrevem o comportamento do dado por meio dos métodos clássicos de matemática.

- **Visualização:** mapeia o dado sendo minerado de acordo com dimensões especificadas. Nenhuma análise é executada pelo programa de DM, além da manipulação estatística básica.

1.6. Como é feita a Mineração de Dados

As atividades de mineração de dados são semelhantes a uma pesquisa científica, mesmo quando realizadas em outros ambientes. Parte-se de um problema, investigando suas causas e indo atrás de resoluções. O diferencial é a maneira como os dados são trabalhados: a ideia é transformar dados em conhecimento. Um dos modelos conhecidos sobre como fazer a mineração de dados é atribuído ao cientista (FAYYAD, 1996). O especialista americano sugere cinco etapas básicas:

Seleção

O primeiro passo é escolher dentro da big data quais são os dados existentes que interessam para a pesquisa. Geralmente, isso depende da definição clara dos objetivos gerais e específicos do procedimento.

1. Seleção (*Selection*): esta etapa consiste em selecionar um conjunto ou subconjunto de dados que farão parte da análise. As fontes de dados podem ser das mais variadas origens e possuir dados com formatos diferentes (estruturados, semiestruturados e não estruturados).

2. Processamento (*Preprocessing*): esta etapa consiste em fazer a verificação da qualidade dos dados armazenados. A base passa por um processo de limpeza e correção ou remoção de dados inconsistentes, verificar dados ausentes ou incompletos, identificar anomalias (*outliers*).

3. Transformação (*Transformation*): esta etapa consiste em aplicar técnicas de transformação como: normalização, agregação, criação de novos atributos, redução e sintetização dos dados. Aqui os dados ficam disponíveis agrupados em um mesmo local para a aplicação dos modelos de análise.

4. Mineração de Dados (*Data Mining*): esta etapa consiste em construir modelos ou aplicar técnicas de mineração de dados. Essas técnicas têm por objetivo de verificar uma hipótese e descobrir novos padrões de forma autônoma. Além disso podemos dividir em: preditiva e descritiva. Esses modelos geralmente são aplicados e refeitos inúmeras vezes dependendo do objetivo do projeto.

5. Interpretação e Avaliação (*Interpretation / Evaluation*): esta etapa consiste em avaliar o desempenho do modelo, aplicando em cima de dados que não foram utilizados na fase de treinamento ou mineração. A validação pode ser feita de várias formas, algumas delas são: utilizar medidas estatísticas, passar pela avaliação dos profissionais de negócio.

1.7. Tarefas de Mineração de Dados

A tarefa é um tipo de Mineração de Dados com um propósito particular a partir de diversas ou até dezenas de implementações distintas por meio de vários algoritmos. Os algoritmos são divididos pelas tarefas, levando em conta a Figura 1.1 a seguir.

Técnica	Descrição	Tarefas	Exemplos
Arvore de Decisão	Baseada em estágios de decisão (nós) e na separação de classes e subconjuntos, organiza os dados de forma hierarquica	Classificação Predição	CART, CHAID, C5.0, ID-3
Redes Neurais	Modelos inspirados na fisiologia do cérebro, nos quais o conhecimento e fruto do mapa de conexões neuronais e dos pesos dessas conexões	Classificação Agrupamento Predição	Perceptron, Rede MLP, Redes de Kobonen, Rede Hopfield, Rede BAM, Redes ART, Rede IAC, Rede LVQ, Rede Counterpropagation, Rede RBF, Rede PNN, Rede Time Delay, Neocognition, Rede BSB
Raciocinio Baseado em Casos	Baseado no método do vizinho mais próximo combina e compara atributos para estabelecer hierarquia de semelhança	Classificação Agrupamento	BIRCH, CLARANS CLIQUE
Algoritmos Genéticos	Métodos gerais de busca e otimização inspirados na Teoria da Evolução, em que a cada nova geração soluções melhores tem mais chance de ter "descendentes"	Classificação Agrupamento	Algoritmo Genético Simples, Genitor, GA-Nuggets, GAPVMINER
Conjuntos Fuzzy	Oferece uma grande vantagem para classificar dados com um alto nível de abstração	Classificação Agrupamento	K-means, FMCdd
Regras de Indução	Processo para obter uma hipótese a partir de dados e fatos já existentes	Classificação Agrupamento	CART, CHAID
Regras de Associação	Estabelece uma correlação estatística entre atributos de dados e conjunto de dados	Associação	Apriori, AprioriTid,AprioriHybrid, AIS, SETM

Figura 1.1 - Técnicas e Tarefas utilizadas na Mineração de Dados (In: GOLDSCHIMIDT, 2005)

1.7.1. Descoberta de Associações

Nesta tarefa, os registros do conjunto de dados são chamados de transação, que é formada por um grupo de itens. A tarefa de descoberta de associação é identificada por buscar itens que aparecem várias vezes juntos em transações do conjunto de dados. Exemplos de algoritmos implementados nessa tarefa são Apriori, GSP, DHP, entre outros.

1.7.2. Classificação

Nesta tarefa, existem dois tipos de atributo no conjunto de dados. O primeiro é do tipo atributo-previsor e o segundo é chamado de atributo-alvo. Para os valores que diferem do atributo-alvo, existe uma classe que faz referência a um grupo categórico relacionado a um conjunto predefinido. O objetivo da tarefa de classificação, portanto, consiste em descobrir uma função que relacione um conjunto de registros com um determinado conjunto de classes. Descoberta essa função, é possível aplicá-la em novos registros. Dessa forma, conseguimos prever a qual classe esse registro pertence. Exemplos de técnicas que podem ser aplicadas na tarefa de classificação são Redes Neurais, Algoritmos Genéticos e Lógica Nebulosa.

1.7.3. Regressão

A tarefa de Regressão é parecida com a tarefa de Classificação, na qual são buscadas funções que relacionem os registros de uma base de dados em um intervalo de valores reais. A principal diferença é que o atributo-alvo adota valores numéricos. A tarefa de Regressão utiliza-se da Estatística, das Redes Neurais, entre outras técnicas que oferecem os recursos para a sua implementação.

1.7.4. Agrupamento (Clusterização)

Compreende um processo de partição dos elementos de um banco de dados em subconjuntos ou *clusters*, de uma maneira que os registros, que são semelhantes, fiquem agrupados, diferenciando dos registros dos outros subconjuntos. Diferentemente da tarefa de classificação, não existem classes predefinidas, pois os elementos são reunidos baseados na similaridade entre eles, sendo a Clusterização responsável por verificar as bases de dados (FAYYAD et al., 1996). Os algoritmos de k-Modes, k-Means, k-Prototypes entre outros, são usados na implementação dessa tarefa.

1.8. Knowledge Discovery Database

Não podemos esquecer que todos esses procedimentos elencados anteriormente são realizados em bancos de dados com uma enorme quantidade de dados dos mais variados tipos, estruturados ou não, com uma preocupação de analisar, de forma que seja retirado o máximo de informações possível, com o objetivo de levar a um nível de conhecimento capaz de garantir um ótimo uso para tomadas de decisão úteis, que tragam vantagens competitivas em ambientes empresariais, por exemplo.

Por isso mesmo, a descoberta de Conhecimento em Banco de Dados, conhecida como Knowledge Discovery in Database ou KDD, é o processo que tem como principal finalidade extrair conhecimento de uma base de dados enorme. De acordo com FAYYAD et al. (1996), "A extração de Conhecimento de Base de dados é o processo de identificação de padrões válidos, novos, potencialmente úteis e compreensíveis, embutidos nos dados". Segundo REZENDE (2005), para compreender melhor, é interessante analisar essas características separadamente:

- **Dados:** coleção de elementos gravados em um repositório, conforme apresentado anteriormente.
- **Padrões:** indica um comportamento recorrente dentre um subconjunto de dados em alguma linguagem descritiva de princípios.
- **Processo:** são as etapas do processo de extração de conhecimento onde ocorre a preparação de dados, a busca por padrões e a avaliação do conhecimento.

- **Válidos:** os padrões encontrados devem corresponder a funções e princípios onde os eventos referentes ao padrão sejam considerados aceitáveis.
- **Novos:** um padrão deve permitir que novas informações apareçam sobre os dados, a partir de comparações entre as modificações realizadas e os dados anteriores.
- **Úteis:** os padrões novos que surgirem devem ser incorporados para serem utilizados.
- **Compreensíveis:** os padrões devem ser representados de forma a serem entendidos pelos usuários, possibilitando uma análise mais profunda dos dados.
- **Conhecimento:** o conhecimento é definido de acordo com o seu escopo de aplicação, utilidade, originalidade e compreensão.

Nesse sentido, O KDD é definido como um processo composto por várias etapas operacionais. A Figura 1.2 ilustra uma configuração resumida das etapas operacionais realizadas em processos de KDD. A primeira etapa é o pré-processamento, onde são realizadas as funções de compreensão, de organização e o tratamento dos dados para prepará-los para a etapa seguinte, a Mineração de Dados.

Na etapa de Mineração de Dados é executada, de fato, uma busca por informações relevantes no ambiente da aplicação do KDD. Na sequência, temos o pós-processamento, onde ocorre o tratamento das informações e o conhecimento obtidos na Mineração de Dados, com o objetivo de fornecer um ganho de conhecimento descoberto. (BRACHMAN & ANAND, 1996).

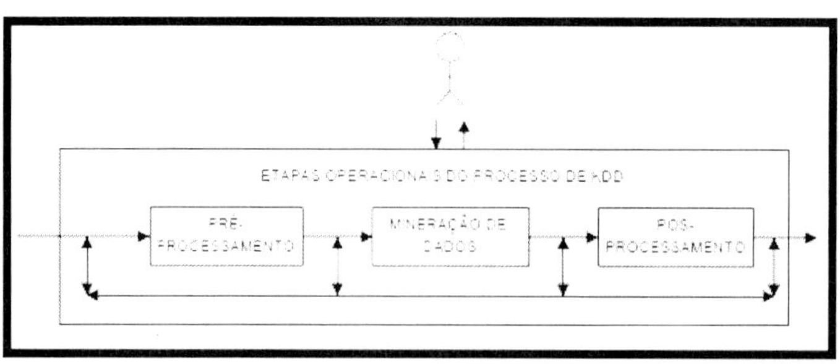

Figura 1.2 - Etapas Operacionais do Processo KDD (In: BRACHMAN & ANAND, 1996)

1.9. Etapas Operacionais do Processo de KDD

De acordo com o que já foi citado, o processo KDD pode ser definido em três etapas: O pré-processamento, a Mineração de Dados e o Pós-processamento.

1.9.1. Pré-processamento

A fase do Pré-processamento corresponde à captação, à organização e ao tratamento de dados, sendo essa etapa a responsável por preparar os dados para os algoritmos que serão utilizados na etapa de Mineração de Dados, conforme já apresentado anteriormente. As principais funções do pré-processamento são descritas da seguinte maneira:

- Seleção de Dados – nesse momento iremos usar os dados existentes que devem ser considerados durante o processo de KDD.
- Limpeza dos Dados – consiste no tratamento feito sobre os dados selecionados de maneira a garantir a qualidade dos fatos representados, desconsiderando os que estiverem inconsistentes, ausentes ou errados.
- Codificação dos Dados – nessa etapa os dados devem ser codificados de forma Numérica–Categórica, transformando os valores reais em categoria ou intervalos ou Categórica–Numérica, que representa numericamente os valores de atributos categóricos para que possam ser utilizados como entrada para os algoritmos de Mineração de Dados.
- Enriquecimento dos Dados – a atividade de enriquecimento baseia-se em conseguir informações a mais que sejam consideradas importantes.

1.9.2. Mineração de Dados

A Mineração de Dados é considerada a principal etapa do processo de KDD. Nessa etapa, são utilizados algoritmos e técnicas com o objetivo de buscar conhecimentos importantes entre tantos dados. Existem diversas técnicas já apresentadas e algoritmos de Mineração de Dados que são escolhidas, levando em consideração o tipo de tarefa em Mineração de Dados que é aplicada, conforme já apresentado anteriormente.

1.9.3. Pós-Processamento

Essa etapa envolve o tratamento do conhecimento obtido na Mineração de Dados. Podemos ter a elaboração e a organização do conhecimento obtido, a simplificação do Modelo de Conhecimento, gráficos, diagramas ou relatórios demonstrativos. O objetivo, basicamente, consiste em facilitar a visualização do conhecimento adquirido para demonstração, sendo algumas vezes desnecessário esse tratamento (FAYYAD et al., 1996).

1.10. Algoritmos para Mineração de Dados

Entre os vários itens já apresentados quando discutimos sobre a mineração de dados, foi citado que existem algoritmos para melhorar a análise de dados. Vamos analisar alguns deles a seguir:

1.10.1. Máquina de Vetores de Suporte

A Máquina de Vetores de Suporte ou Support Vectors Machine (SVM) foi desenvolvida por Vapnik, com o objetivo de resolver problemas de classificação de padrões. Para HAYKIN (1999), a SVM se trata de outro tipo de rede neural, pela qual as saídas dos neurônios de uma camada alimentam os neurônios da camada posterior, não acontecendo a realimentação.

1.10.2. Algoritmo C4.5

O C4.5 é um algoritmo de árvore de decisão que foi publicado em 1987 por John Ross Quilan. Segundo QUILAN (1993), o algoritmo tem a finalidade de estabelecer um modelo classificador na forma de árvore de decisão a partir de dois estados ao longo do processo, que são: a folha que mostra um ponto final na classificação, na qual são atribuídos uma classe e o nó de decisão, onde apoiando-se no atributo em análise, poderá envolver uma ramificação em seguida de uma folha ou uma subárvore para cada provável valor encontrado na base.

1.10.3. Apriori

O algoritmo Apriori foi desenvolvido em 1993 por Agrawal e Srikant (1994), sendo utilizado em tarefas de associação em que são buscados itens semelhantes em determinado intervalo de tempo.

1.10.4. K-Means

O algoritmo k-means é o mais comum quando falamos de tarefas de agrupamento, sendo conhecido também, na sua forma mais simples, como algoritmo de Lloyd, que é trabalhado da seguinte maneira, segundo COSTA et al. (2013).

Primeiramente são indicados o número k de grupos que estamos buscando. Posteriormente, k pontos são selecionados de forma arbitrária para caracterizar os centroides dos grupos.

Desse modo, um conjunto normalmente de vetores, é particionado de maneira que cada elemento seja atribuído ao grupo de centroides mais próximo, conforme a distância euclidiana comum.

Sempre que houver interação do algoritmo, os k centroides ou médias, são recalculados. Segundo os elementos presentes no grupo subsequente, todos os elementos são realocados para o grupo no qual o novo centroide se encontra mais próximo, como mostra na Figura 1.3. Esse algoritmo é executado várias vezes, sendo escolhido o melhor resultado.

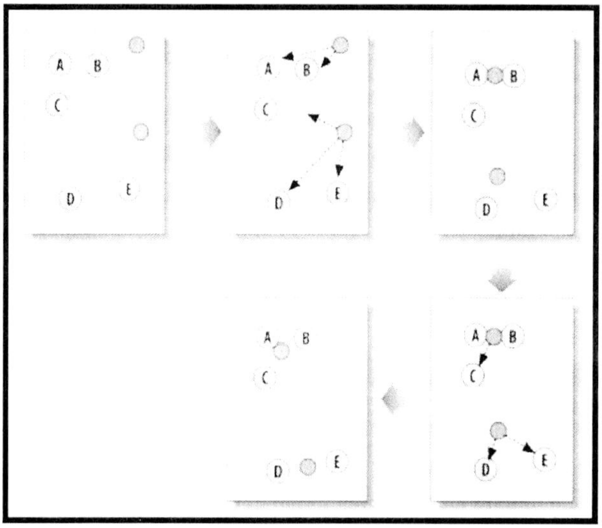

Figura 1.3 - Algoritmo K-Means, passo a passo (In: Segaran, 2007)

Considerações Finais

Num mundo em constante modificação, temos o surgimento ou até mesmo o aprimoramento de algumas áreas do conhecimento.

Foi o que aconteceu com a ciência de dados, que antes se utilizava mais da Estatística e hoje continua, mas com aprimorações que levam a uma melhor análise dos dados quando realizamos mineração de dados em grandes quantidades de dados se valendo da inteligência artificial por exemplo.

Temos uma mescla de áreas, como ciência de dados com inteligência artificial, mas não somente, pois também teremos um maior entendimento de estatística, probabilidade, dependendo da necessidade do que for proposto.

A mineração de dados é uma parte importante de qualquer iniciativa de análise bem-sucedida. Com a descoberta de conhecimento obtido podemos aumentar a confiança do cliente, encontrar novas fontes de receita, encontrar anomalias, padrões e correlações em grandes conjuntos de dados para prever resultados, entre outras possibilidades. A mineração de dados eficaz auxilia em vários aspectos do planejamento de negócios e gerenciamento de operações.

Referências Bibliográficas

COSTA L da F. Bioinformatics: perspectives for the future. Genet Mol Res. 2004.

QUONIAM L, Tarapanoff K, Araújo Júnior RH, Alvares L. Inteligência obtida pela aplicação de data mining em base de teses francesas sobre o Brasil. Ci Inf. 2001.

FAYYAD UM, Shapiro GP, Smyth P, Uthurusamy R. Advances in knowledge discovery and data mining. Menlo Park, Calif.: AAAI Press: MIT Press; c1996.

GOLDSCHMID R, Passos E. Data mining: um guia prático, conceitos, técnicas, ferramentas, orientações e aplicações. São Paulo: Elsevier; 2005.

ARAUJO Júnior RH, Tarapanoff K. Precisão no processo de busca e recuperação da informação: uso da mineração de textos. Ci Inf. 2006.

BRAMER, M. Undergraduate Topics in Computer Science - Principles of Data Mining. Springer, 2007.

HJØRLAND, Birger. Data (with big data and database semantics). **Knowledge Organization** 45, no. 8: 685-708. ISKO Encyclopedia of Knowledge Organization, ed. Birger Hjørland, coed. Claudio Gnoli.

REZENDE, S. O. Mineração de Dados. XXV Congresso da Sociedade Brasileira de Computação.

BRACHMAN, R. J.; ANAND, T. **The Process of Knowledge Discovery in Databases**. The KDD Process for Extracting Useful Knowledge from Volumes of Data, 1996.

HAYKIN, S.: **Redes Neurais: Princípios e Prática. 2.ed**. Porto Alegre, Bookman, 2001.

AGRAWAL, R.; IMIELINSKI, T.; SWAMI, A. **Mining Association Rules between Sets of Items in Large Databases**. Proceedings of the ACM SIGMOD Conference. Washington, USA, Maio, 1993.

PASTA, Arquelau. **Aplicação da técnica de Data Mining na base de dados do ambiente de gestão educacional: um estudo de caso de uma instituição de ensino superior de Blumenau - SC**. Dissertação de Mestrado, UNIVALI, São José, 2011.

SEGARAN, T. (2007). **Programming collective intelligence**. O'Reilly, first edition.

2

Computação Natural: Paradigmas, Técnicas e Aplicações

Marcelo Eloy Fernandes
marcelo.fernandes3@fatec.sp.gov.br
Faculdade de Tecnologia Padre Danilo José de Oliveira Ohl – Fatec Barueri

Resumo

Este capítulo aborda a Computação Natural, um campo emergente que utiliza processos e fenômenos naturais como inspiração para desenvolver algoritmos e sistemas capazes de resolver problemas complexos. Diferente da computação tradicional, que segue um modelo determinístico, a Computação Natural adota uma abordagem adaptativa, flexível e resiliente, inspirada em sistemas biológicos, físicos e químicos. Inicialmente, são explorados os fundamentos e a evolução histórica da Computação Natural, destacando as principais diferenças em relação à computação tradicional. São discutidas técnicas como Algoritmos Evolutivos, Computação Neuromórfica, Computação com DNA, Sistemas Imunológicos Artificiais e Vida Artificial, com foco nas suas aplicações em áreas como otimização de processos, modelagem de sistemas complexos, inteligência artificial e robótica. Além disso, o capítulo aborda os desafios enfrentados pela Computação Natural, como a complexidade computacional e a dificuldade de ajuste de parâmetros, e discute as perspectivas futuras, incluindo a integração com a Inteligência Artificial, Computação Sustentável e Biologia Sintética. Por fim, um estudo de caso detalha a aplicação de Algoritmos Evolutivos na otimização de redes de energia na cidade de Curitiba, demonstrando a eficácia dessa abordagem para enfrentar problemas dinâmicos e complexos. O capítulo conclui apontando para um futuro promissor, onde a integração de métodos da Computação Natural com outras áreas do conhecimento pode levar a inovações significativas, capazes de transformar a maneira como resolvemos desafios tecnológicos e ambientais.

Palavas-chaves: Computação natural, Algoritmos, Inteligência Artificial, Otimização de processos.

2.1. Introdução

A Computação Natural surge como uma abordagem inovadora que utiliza processos naturais como inspiração para o desenvolvimento de soluções computacionais adaptativas e resilientes. Ao contrário dos modelos convencionais, que seguem um caminho determinístico e muitas vezes rígido, a Computação Natural reflete os mecanismos de adaptabilidade, flexibilidade e resiliência observados em sistemas biológicos, físicos e químicos. Esses mecanismos são explorados para oferecer soluções alternativas para problemas complexos e dinâmicos, que frequentemente se mostram intratáveis pelos métodos tradicionais.

Em um mundo cada vez mais complexo e interconectado, sistemas computacionais precisam lidar com incertezas, dinâmicas rápidas e grandes volumes de dados. As soluções tradicionais, baseadas em processos determinísticos, muitas vezes não conseguem responder adequadamente às demandas desses cenários. Ao se inspirar na natureza, a Computação Natural busca trazer uma nova perspectiva para a resolução de problemas, utilizando o aprendizado contínuo e a evolução para aprimorar a eficiência dos algoritmos.

A capacidade de adaptação é um dos pilares dessa área. Sistemas biológicos, por exemplo, têm uma capacidade intrínseca de ajustar-se a novos ambientes, aprender com experiências passadas e melhorar seu desempenho ao longo do tempo. Esses princípios são aplicados no desenvolvimento de algoritmos que aprendem, evoluem e se ajustam automaticamente às novas condições. Neste capítulo, exploraremos como a Computação Natural tem sido aplicada em diversas áreas e seus principais paradigmas, técnicas e desafios futuros.

2.2. Fundamentos da Computação Natural

2.2.1. Definição e Objetivos

A Computação Natural pode ser definida como um campo da ciência da computação que se inspira em processos e fenômenos observados na natureza para desenvolver algoritmos capazes de resolver problemas complexos de maneira eficiente. Inspirada em sistemas biológicos, físicos e químicos, essa abordagem não se baseia em regras determinísticas ou soluções predefinidas, mas em modelos adaptativos que evoluem ao longo do tempo, ajustando-se às condições variáveis dos problemas.

Os principais objetivos da Computação Natural são desenvolver sistemas que possam se adaptar, aprender e evoluir. Ao contrário dos métodos tradicionais, que requerem uma modelagem completa e exata do problema, a Computação Natural aceita incertezas e busca soluções através de experimentação e evolução. Esse enfoque é crucial em ambientes dinâmicos e incertos, onde soluções precisas podem não estar disponíveis. Além disso, ela visa reduzir a complexidade computacional através da otimização baseada em modelos inspirados na natureza (De Castro, 2006).

A Computação Natural também se destaca por sua capacidade de lidar com problemas multidimensionais e interativos, em que diferentes partes do sistema estão interconectadas e influenciam umas às outras de maneiras complexas. Isso a torna particularmente adequada para resolver problemas que envolvem múltiplos critérios, restrições e variáveis em constante mudança.

2.2.2. Histórico e Evolução

A história da Computação Natural começa no século XX, com o surgimento da cibernética e das primeiras tentativas de criar inteligência artificial. No entanto, o verdadeiro marco de consolidação da Computação Natural ocorreu na década de 1970, com os trabalhos de John Holland sobre Algoritmos Genéticos e de John Hopfield sobre Redes Neurais Artificiais (Holland, 1975; Hopfield, 1982). Esses estudos foram fundamentais para a compreensão de como processos naturais, como a evolução e o funcionamento do cérebro, poderiam ser modelados e utilizados para resolver problemas computacionais.

Ao longo das décadas de 1980 e 1990, o campo expandiu-se rapidamente com a publicação de estudos e livros que popularizaram essas técnicas. Por exemplo, David Goldberg, em seu livro "Genetic Algorithms in Search, Optimization, and Machine Learning" (1989), ajudou a difundir o uso de Algoritmos Genéticos na resolução de problemas de otimização. Desde então, novas técnicas e paradigmas surgiram, como a Computação Neuromórfica e a Computação com DNA, refletindo a capacidade de inovar e se adaptar às novas demandas tecnológicas (Floreano & Mattiussi, 2008).

Atualmente, a Computação Natural está na vanguarda das inovações tecnológicas, sendo aplicada em uma ampla gama de áreas, desde biomedicina e engenharia até ciências sociais e econômicas. À medida que a capacidade computacional cresce, também cresce o potencial da Computação Natural para resolver problemas que antes eram considerados intratáveis.

2.2.3. Diferenças em Relação à Computação Tradicional

A principal diferença entre a Computação Natural e a computação tradicional reside na abordagem que cada uma adota para resolver problemas. Enquanto a computação tradicional utiliza algoritmos determinísticos e lógicos, a Computação

Natural se baseia em processos naturais adaptativos, como evolução, aprendizado e cooperação.

Na computação tradicional, os algoritmos seguem um conjunto de regras predefinidas e geralmente requerem uma modelagem precisa do problema. Embora isso funcione bem para problemas lineares e simples, falha quando aplicado a problemas que envolvem inúmeras variáveis e incertezas. Por exemplo, algoritmos tradicionais como os de força bruta são ineficazes para problemas de otimização em larga escala, pois exigem muito tempo e recursos para explorar todas as combinações possíveis.

A Computação Natural, por outro lado, adota uma abordagem baseada na adaptação contínua. Algoritmos Evolutivos, como os Algoritmos Genéticos, começam com um conjunto de soluções iniciais e, por meio de processos como cruzamento, mutação e seleção, essas soluções são refinadas ao longo do tempo. Em vez de tentar encontrar a solução exata de uma vez, os Algoritmos Evolutivos permitem que o sistema explore o espaço de soluções e encontre gradualmente a solução mais adequada (Holland, 1975).

Além disso, a Computação Natural é extremamente eficaz em lidar com ambientes dinâmicos, onde as condições do problema podem mudar ao longo do tempo. Isso a torna ideal para aplicações como robótica autônoma, sistemas de previsão e simulações de comportamento social.

2.3. Principais Paradigmas e Técnicas

2.3.1. Algoritmos Evolutivos

Os Algoritmos Evolutivos são uma família de técnicas inspiradas na teoria da evolução natural. Eles utilizam processos como seleção, cruzamento e mutação para evoluir uma população de soluções ao longo do tempo. Cada solução potencial é representada como um "cromossomo", e os operadores genéticos são aplicados para gerar novas soluções a partir das existentes.

Um dos tipos mais conhecidos de Algoritmos Evolutivos é o Algoritmo Genético, proposto por John Holland em 1975. Desde então, esses algoritmos têm sido amplamente utilizados para resolver problemas de otimização, planejamento e aprendizado de máquina. Um exemplo marcante da aplicação desses algoritmos é o projeto da antena espacial da NASA em 2006, onde os Algoritmos Genéticos foram utilizados para otimizar o design, resultando em uma solução mais eficiente do que as obtidas por métodos tradicionais (Hornby et al., 2006).

Esses algoritmos são eficazes na exploração de grandes espaços de soluções e na adaptação a mudanças dinâmicas, sendo aplicados em diversas áreas, como engenharia, finanças, inteligência artificial e biologia.

2.3.2. Computação Neuromórfica

A Computação Neuromórfica é uma abordagem inspirada no funcionamento do cérebro humano. Ela utiliza redes neurais artificiais, compostas por neurônios artificiais que processam informações de maneira paralela e distribuída. O principal objetivo dessa técnica é replicar a eficiência do cérebro humano em dispositivos computacionais, especialmente em termos de aprendizado e processamento de grandes volumes de dados.

Um exemplo notável dessa tecnologia é o chip neuromórfico TrueNorth, desenvolvido pela IBM. Esse chip é capaz de processar informações de maneira altamente eficiente, utilizando uma fração da energia consumida pelos chips tradicionais. A Computação Neuromórfica tem sido aplicada em áreas como reconhecimento de padrões, inteligência artificial e robótica, permitindo o desenvolvimento de sistemas mais eficientes e sustentáveis (Mead, 1990).

2.3.3. Computação com DNA

A Computação com DNA é uma das abordagens mais inovadoras dentro da Computação Natural. Utilizando moléculas de DNA para realizar cálculos, essa técnica foi demonstrada pela primeira vez por Leonard Adleman em 1994, que utilizou o DNA para resolver um problema combinatório complexo. O DNA tem uma capacidade de armazenamento e processamento paralelo impressionante, com potencial para realizar cálculos de forma extremamente eficiente.

Essa abordagem tem o potencial de revolucionar o campo da computação, especialmente em áreas como bioinformática, onde grandes volumes de dados precisam ser processados simultaneamente. O armazenamento de dados em DNA, por exemplo, é uma área em rápido crescimento, com um grama de DNA sendo capaz de armazenar até 215 petabytes de dados (Church et al., 2012). Embora a Computação com DNA ainda enfrente desafios técnicos, ela oferece uma nova perspectiva sobre como os sistemas biológicos podem ser usados para resolver problemas computacionais complexos.

2.3.4. Sistemas Imunológicos Artificiais

Inspirados no sistema imunológico humano, os Sistemas Imunológicos Artificiais (SIAs) utilizam conceitos como memória imunológica e diversidade para desenvolver algoritmos adaptativos capazes de detectar anomalias e responder a mudanças em ambientes dinâmicos. Esses sistemas têm sido amplamente aplicados na detecção de fraudes, monitoramento de redes e manutenção preditiva.

Os SIAs se destacam por sua capacidade de aprender e adaptar-se a novos tipos de ameaças, tornando-os particularmente úteis em áreas onde a natureza dos ataques ou problemas está em constante evolução. A capacidade de reconhecer padrões e se adaptar a novos comportamentos faz dos SIAs uma ferramenta poderosa em cenários de segurança de redes e sistemas críticos (De Castro & Timmis, 2002).

2.3.5. Vida Artificial

A Vida Artificial busca simular e estudar formas de vida dentro de ambientes computacionais. Essa técnica é amplamente utilizada para modelar sistemas biológicos e sociais complexos, explorando como propriedades emergentes podem surgir de interações simples. A simulação de ecossistemas e o desenvolvimento de agentes autônomos são exemplos de como a Vida Artificial pode ser aplicada em uma variedade de cenários.

Essa abordagem tem sido usada para prever comportamentos em sistemas biológicos e sociais, permitindo que os cientistas testem hipóteses e explorem cenários que seriam impossíveis de reproduzir no mundo real. Além disso, a Vida Artificial tem sido aplicada no desenvolvimento de agentes autônomos que aprendem e se adaptam ao ambiente, sendo usada em áreas como robótica evolutiva e simulação de dinâmicas sociais (Adami, 1998; Langton, 1995).

2.4. Aplicações da Computação Natural

As técnicas de Computação Natural têm sido amplamente aplicadas em uma variedade de campos, desde a otimização de processos industriais até a modelagem de sistemas biológicos e sociais. Sua capacidade de lidar com problemas complexos, incertos e dinâmicos a torna uma ferramenta valiosa em contextos onde as abordagens tradicionais falham em oferecer soluções satisfatórias.

2.4.1. Engenharia e Otimização

Na engenharia, a otimização de processos é uma das áreas onde as técnicas de Computação Natural têm demonstrado grande eficácia. Algoritmos Evolutivos, por exemplo, são frequentemente utilizados para otimizar o planejamento de rotas de transporte, a alocação de recursos e a programação de produção industrial. A capacidade desses algoritmos de explorar grandes espaços de soluções, adaptar-

-se a mudanças em tempo real e encontrar soluções eficientes os torna ideais para lidar com a complexidade e a variabilidade dos problemas enfrentados na engenharia moderna (Dorigo & Stützle, 2004).

Além disso, técnicas como a otimização por colônia de formigas e enxames de partículas têm sido aplicadas para otimizar o fluxo de tráfego em grandes cidades, reduzindo congestionamentos e melhorando a eficiência de sistemas de transporte. Em processos industriais, essas técnicas são aplicadas para otimizar a produção, minimizando custos e desperdícios, ao mesmo tempo que aumentam a eficiência geral dos sistemas.

2.4.2. Modelagem e Simulação

A Computação Natural também tem desempenhado um papel crucial na modelagem e simulação de sistemas complexos. Sua capacidade de simular processos dinâmicos e imprevisíveis permite que cientistas e engenheiros testem hipóteses e explorem cenários que seriam impossíveis de replicar no mundo real. Isso inclui a modelagem de ecossistemas, a previsão de comportamentos econômicos e sociais e a simulação de sistemas biológicos.

Na biomedicina, por exemplo, a simulação de interações moleculares e a previsão da estrutura de proteínas são áreas onde a Computação Natural tem mostrado um enorme potencial. Ao utilizar técnicas como redes neurais e algoritmos evolutivos, pesquisadores podem simular processos biológicos complexos, acelerando o desenvolvimento de novos tratamentos e medicamentos.

2.4.3. Inteligência Artificial e Robótica

A integração de algoritmos evolutivos com redes neurais artificiais tem gerado avanços significativos no desenvolvimento de sistemas autônomos capazes de aprender e se adaptar ao ambiente. Esses métodos têm sido amplamente aplicados na robótica evolutiva, onde robôs são treinados para aprender comportamentos complexos e se adaptar a ambientes desconhecidos sem a necessidade de intervenção humana direta (Floreano et al., 2008).

Esses avanços na robótica evolutiva permitem o desenvolvimento de robôs capazes de realizar tarefas complexas de forma eficiente, como operações de busca e resgate, exploração em ambientes perigosos e navegação autônoma em ambientes urbanos. A capacidade desses robôs de se adaptarem às mudanças no ambiente torna-os ferramentas valiosas em situações onde as condições variam constantemente.

2.4.4. Computação Sustentável

A Computação Sustentável é uma área emergente que utiliza técnicas da Computação Natural para criar soluções ecológicas e eficientes. Algoritmos inspirados em comportamentos naturais, como enxames de partículas e colônias de formigas, têm sido aplicados para otimizar a localização de parques eólicos e solares, maximizando a eficiência energética e minimizando os impactos ambientais (Clerc, 2004).

Além disso, a Computação Natural tem sido utilizada no gerenciamento de redes de energia inteligente, otimizando o consumo e a distribuição de energia em tempo real. Ao integrar fontes de energia renovável, como solar e eólica, a Computação Natural ajuda a minimizar as emissões de carbono e a melhorar a eficiência dos sistemas de geração de energia, contribuindo para um futuro mais sustentável.

2.4.5. Bioinformática e Biologia Computacional

Na bioinformática, a Computação Natural desempenha um papel fundamental na análise de grandes volumes de dados biológicos. Algoritmos evolutivos, redes neurais e outros métodos de Computação Natural são usados para identificar padrões em dados genômicos, prever a estrutura de proteínas e simular interações moleculares. Essas técnicas são particularmente úteis em contextos onde a variabilidade biológica e a quantidade de dados tornam a análise por métodos tradicionais inviável (Jones & Pevzner, 2004).

Um dos exemplos mais significativos é o uso de algoritmos genéticos para otimizar o alinhamento de sequências de DNA, um processo essencial na bioinformática que envolve a comparação de sequências genéticas para identificar genes e estudar a evolução das espécies (Needleman & Wunsch, 1970). Além disso, redes neurais profundas têm sido utilizadas para prever interações entre proteínas, contribuindo para o desenvolvimento de novos medicamentos e terapias para o tratamento de doenças.

2.5. Desafios e Perspectivas Futuras da Computação Natural

Apesar de sua eficácia comprovada, a Computação Natural ainda enfrenta diversos desafios que limitam sua aplicação em certos contextos. Entre os principais desafios estão a complexidade computacional, a dificuldade de ajustar parâmetros de maneira ideal e a falta de interpretabilidade dos modelos resultantes. No entanto, avanços contínuos na pesquisa e no desenvolvimento de novas técnicas prometem superar essas barreiras, ampliando o alcance da Computação Natural em uma variedade de domínios.

2.5.1. Desafios Atuais

Um dos principais desafios da Computação Natural está relacionado à sua complexidade computacional. Muitos dos algoritmos inspirados na natureza, como os Algoritmos Genéticos, exigem uma grande quantidade de iterações e um consumo elevado de recursos computacionais para encontrar soluções eficientes. Isso pode ser um obstáculo em problemas de grande escala ou em sistemas que precisam fornecer respostas em tempo real (Goldberg, 1989).

Outro desafio relevante é o ajuste de parâmetros dos algoritmos. Por exemplo, a taxa de mutação em Algoritmos Genéticos ou os coeficientes de inércia em enxames de partículas precisam ser ajustados cuidadosamente, pois têm um impacto direto no desempenho do algoritmo. Encontrar os valores ótimos para esses parâmetros geralmente requer uma quantidade significativa de experimentação, o que pode ser impraticável em certos contextos.

Além disso, a falta de interpretabilidade dos modelos gerados por muitas técnicas de Computação Natural, como redes neurais profundas, é um problema crítico em áreas como medicina e finanças, onde é importante que as decisões sejam compreensíveis pelos humanos. Isso pode gerar desconfiança no uso dessas técnicas, especialmente em aplicações sensíveis, como diagnósticos médicos e previsões econômicas.

2.5.2. Perspectivas Futuras

Apesar desses desafios, o futuro da Computação Natural é promissor, especialmente à medida que a área se integra com outras disciplinas emergentes, como a Inteligência Artificial e a Biologia Sintética. Uma das áreas mais promissoras é a combinação de algoritmos evolutivos com redes neurais, que pode levar ao desenvolvimento de sistemas mais adaptativos e resilientes. Esses sistemas serão capazes de evoluir e melhorar seu desempenho ao longo do tempo, abrindo caminho para o desenvolvimento de tecnologias mais eficientes e autônomas.

Além disso, a Computação Natural tem o potencial de revolucionar áreas como a biomedicina e a engenharia de materiais, permitindo a criação de novos tipos de sistemas computacionais que utilizam organismos vivos modificados para realizar cálculos e processar informações (Seelig & Soloveichik, 2019). O desenvolvimento de biossensores e dispositivos médicos inteligentes, por exemplo, pode abrir novas oportunidades para o diagnóstico e tratamento de doenças de maneira mais precisa e eficiente.

Na área de Computação Sustentável, as técnicas da Computação Natural continuarão a desempenhar um papel fundamental na criação de soluções ecológicas para os desafios globais. Ao otimizar o uso de recursos naturais e melhorar a eficiência energética, essas técnicas contribuirão para o desenvolvimento de sistemas mais sustentáveis e eficientes, alinhados com as demandas crescentes por soluções que minimizem os impactos ambientais.

2.6. Estudo de Caso: Otimização de Redes de Energia com Algoritmos Evolutivos

2.6.1. Contextualização

O presente estudo de caso é fictício e tem como objetivo demonstrar o potencial da Computação Natural, especialmente dos Algoritmos Evolutivos, para a otimização de redes de energia. Embora o cenário escolhido seja a cidade de Curitiba, no Paraná, Brasil, uma cidade reconhecida por suas inovações em planejamento urbano e políticas ambientais, este estudo não é baseado em dados reais ou em um projeto executado na cidade. O estudo simula a aplicação de técnicas de Computação Natural em um contexto urbano fictício que busca integrar fontes de energia renovável, como solar e eólica, à sua matriz energética.

Com a crescente demanda por energia e a necessidade de garantir a sustentabilidade das fontes, as cidades enfrentam o desafio de equilibrar a oferta e a demanda de maneira eficiente. A integração de fontes renováveis, como energia solar e eólica, representa um desafio, pois essas fontes dependem de fatores climáticos e sazonais. A capacidade de lidar com essa variabilidade exige sistemas inteligentes e adaptativos, que possam ajustar a distribuição de energia em tempo real.

Neste exemplo hipotético, exploramos a aplicação de Algoritmos Evolutivos para otimizar a rede de distribuição de energia de Curitiba. O objetivo é propor alternativas para minimizar as perdas de energia, reduzir os custos operacionais e maximizar a eficiência energética, considerando a expansão urbana e a integração de fontes renováveis.

2.6.2. Metodologia

A metodologia utilizada neste estudo fictício segue os princípios dos Algoritmos Evolutivos. Esses algoritmos são inspirados nos processos de seleção natural, cruzamento e mutação, permitindo que soluções para um problema evoluam ao longo do tempo. O objetivo é simular possíveis soluções para otimizar a configuração da rede de distribuição de energia.

No contexto fictício, cada solução possível foi representada como um "cromossomo", com genes correspondendo a variáveis de decisão, como a localização de subestações, a rota dos cabos de transmissão e a proporção de energia que deveria ser captada de fontes renováveis. A população inicial de soluções foi gerada aleatoriamente, e as soluções evoluíram ao longo de várias gerações, utilizando operadores genéticos como cruzamento e mutação.

A função de aptidão foi projetada para propor alternativas que minimizem três critérios principais:

- Custo total de operação da rede de energia;
- Perdas de energia ao longo das linhas de transmissão;
- Variabilidade na oferta de energia gerada por fontes renováveis, como solar e eólica.

Foram simulados diferentes cenários de oferta e demanda de energia, considerando variações sazonais e regionais. Embora os resultados específicos não possam ser determinados neste contexto fictício, o uso de Algoritmos Evolutivos oferece uma abordagem promissora para explorar soluções eficientes em condições de incerteza.

2.6.3. Aplicação Prática

No cenário fictício, Curitiba enfrentaria desafios comuns a grandes cidades que estão em expansão e buscam integrar fontes renováveis em sua matriz energética. A aplicação dos Algoritmos Evolutivos possibilitaria a geração de alternativas para a localização de novas subestações, a configuração das linhas de transmissão e o uso otimizado de energia solar e eólica.

Os Algoritmos Evolutivos permitiriam que o sistema testasse diferentes combinações de soluções, ajustando-as automaticamente para melhor balancear a demanda de energia e as flutuações na oferta de fontes renováveis. Embora não possamos prever resultados específicos, podemos inferir que a utilização dessas técnicas poderia oferecer configurações que maximizassem o uso de fontes renováveis, reduzissem os custos de operação e otimizassem a eficiência energética da rede.

A flexibilidade desses algoritmos permite que a rede se adapte automaticamente a mudanças sazonais, garantindo que a energia solar e eólica seja utilizada de forma eficiente, mesmo em condições climáticas adversas. Isso sugeriria, no contexto fictício, que Curitiba poderia potencialmente reduzir suas emissões de carbono e melhorar a eficiência do sistema como um todo.

2.6.4. Discussão

Os Algoritmos Evolutivos apresentam várias alternativas promissoras para otimização de redes de energia, como as que poderiam ser exploradas no contexto fictício de Curitiba. Esses algoritmos são eficazes em lidar com a complexidade de grandes sistemas e em propor soluções que consideram múltiplas variáveis e restrições. Em um cenário real, isso poderia se traduzir em uma maior integração de fontes renováveis, redução de custos operacionais e minimização de perdas de energia.

Embora este estudo de caso seja hipotético, ele demonstra como as técnicas de Computação Natural podem ser aplicadas para propor soluções viáveis e eficientes em redes de energia urbana. O uso de Algoritmos Evolutivos poderia, por exemplo, ajudar a criar um sistema de distribuição mais resiliente e adaptável, capaz de responder rapidamente a mudanças na demanda e na oferta de energia.

Esses algoritmos também oferecem a vantagem de explorar um grande número de combinações possíveis de soluções, o que pode resultar em alternativas inovadoras que não seriam encontradas por métodos tradicionais. No entanto, como se trata de um exemplo fictício, os resultados exatos dependeriam das características específicas da rede e dos dados fornecidos.

2.6.5. Conclusão do Estudo de Caso

Embora este estudo de caso seja fictício, ele oferece uma visão ilustrativa do potencial da Computação Natural, especificamente dos Algoritmos Evolutivos, para a otimização de redes de energia. As possíveis alternativas geradas por esses algoritmos poderiam contribuir para a criação de sistemas de energia mais eficientes, flexíveis e sustentáveis. A flexibilidade desses algoritmos permite que eles se ajustem automaticamente às mudanças na oferta de fontes renováveis e na demanda por energia, tornando-os especialmente adequados para contextos onde há grande variabilidade.

No contexto de cidades que buscam melhorar sua sustentabilidade energética, como o cenário hipotético de Curitiba, as técnicas de Computação Natural oferecem uma abordagem promissora para enfrentar desafios relacionados à eficiência e à integração de fontes renováveis. Ao gerar alternativas adaptativas e inovadoras, essas técnicas poderiam apoiar a transição para redes de energia mais inteligentes e sustentáveis no futuro.

Este estudo de caso é **fictício** e foi elaborado com o objetivo de ilustrar a aplicação de Algoritmos Evolutivos em um cenário urbano para a otimização de redes de energia. As informações apresentadas não são baseadas em dados reais, e os resultados aqui discutidos são hipotéticos. A intenção é oferecer um exemplo teórico de como essas técnicas poderiam ser aplicadas em um contexto semelhante.

2.7. Considerações finais

A Computação Natural se consolidou como uma área inovadora e essencial para o desenvolvimento de soluções eficientes e criativas para problemas complexos, muitas vezes difíceis de serem resolvidos por métodos convencionais. Inspirando-se em processos como a evolução biológica, o funcionamento dos neurônios e o comportamento coletivo de organismos, a Computação Natural oferece uma nova forma de abordar a criação de algoritmos e sistemas capazes de lidar com ambientes dinâmicos e incertos.

Neste capítulo, discutimos os principais paradigmas e técnicas da Computação Natural, incluindo Algoritmos Evolutivos, Computação Neuromórfica, Computação com DNA, Sistemas Imunológicos Artificiais e Vida Artificial. Além disso, apresentamos suas aplicações em áreas tão diversas quanto engenharia, otimização, inteligência artificial, robótica e sustentabilidade.

O estudo de caso sobre otimização de redes de energia com Algoritmos Evolutivos reforçou a eficácia dessas técnicas em contextos práticos, demonstrando como a inspiração na natureza pode resultar em soluções mais eficientes e sustentáveis para problemas tecnológicos e ambientais.

Os desafios enfrentados pelo campo, como a complexidade computacional, o ajuste de parâmetros e a interpretabilidade dos modelos, ainda representam barreiras significativas para a adoção mais ampla dessas técnicas. No entanto, o progresso contínuo em pesquisa e desenvolvimento, aliado à integração com outras áreas emergentes, como Inteligência Artificial e Biologia Sintética, sugere que a Computação Natural continuará a expandir suas fronteiras e a influenciar diversos campos do conhecimento.

O futuro da Computação Natural aponta para uma convergência de métodos e paradigmas, explorando novas formas de computação e processamento de informações que combinam a adaptabilidade da natureza com a capacidade de processamento das máquinas. Essa integração tem o potencial de levar ao desenvolvimento de sistemas mais inteligentes e autônomos, capazes de aprender e evoluir em tempo real, transformando profundamente a forma como enfrentamos problemas complexos e desafiadores.

Enquanto avançamos nessa direção, é essencial continuar explorando e expandindo os limites do conhecimento, promovendo a interdisciplinaridade e a colaboração entre diferentes áreas do saber. A Computação Natural não é apenas uma ferramenta poderosa para a ciência e a engenharia; ela também nos oferece uma nova perspectiva sobre como compreender e interagir com o mundo, revelando como os princípios fundamentais da natureza podem ser aplicados para criar um futuro mais eficiente, sustentável e inovador.

Referências bibliográficas

Adami, C. (1998). _Introduction to artificial life_. Springer.

Adleman, L. M. (1994). Molecular computation of solutions to combinatorial problems. _Science_, 266(5187), 1021-1024.

Bedau, M. A. (2003). Artificial life: organization, adaptation and complexity from the bottom up. _Trends in Cognitive Sciences_, 7(11), 505-512.

Church, G. M., Gao, Y., & Kosuri, S. (2012). Next-generation digital information storage in DNA. _Science_, 337(6102), 1628-1628.

De Castro, L. N., & Timmis, J. (2002). _Artificial immune systems: A new computational intelligence approach_. Springer.

Dorigo, M., & Stützle, T. (2004). _Ant colony optimization_. MIT Press.

Eiben, A. E., & Smith, J. E. (2003). _Introduction to evolutionary computing_. Springer.

Floreano, D., & Mattiussi, C. (2008). _Bio-inspired artificial intelligence: Theories, methods, and technologies_. MIT Press.

Holland, J. H. (1975). _Adaptation in natural and artificial systems_. University of Michigan Press.

Hornby, G. S., Linden, D. S., & Lohn, J. D. (2006). Computer-automated evolution of an X-band antenna for NASA's Space Technology 5 mission. _Evolutionary Computation_, 19(3), 383-399.

Jones, N. C., & Pevzner, P. A. (2004). _An introduction to bioinformatics algorithms_. MIT Press.

Mitchell, M. (1998). _An introduction to genetic algorithms_. MIT Press.

Needleman, S. B., & Wunsch, C. D. (1970). A general method applicable to the search for similarities in the amino acid sequence of two proteins. _Journal of Molecular Biology_, 48(3), 443-453.

Seelig, G., & Soloveichik, D. (2019). DNA computing. In _Computing with DNA_ (pp. 5-33). Springer.

3

Segurança para Veículos Autônomos

Michel Bernardo Fernandes da Silva
Escola Politécnica - Universidade de São Paulo
Programa de Pós-graduação em Engenharia Elétrica
Doutorando em Engenharia Elétrica
michelbf@uol.com.br

Resumo

Como a principal causa de acidentes de trânsito está ligada ao motorista humano, seja por imperícia, excesso de velocidade, consumo de álcool, entre outros, as pesquisas sobre segurança veicular estão focadas em Veículos Autônomos (VAs) com foco na redução de acidentes através da melhoria da segurança crítica (safety). Diversas pesquisas mostram benefícios da introdução de VAs como redução de tráfego, redução na emissão, mas poucas focam na questão da segurança crítica. As três principais competências de um sistema de veículo autônomo são Percepção, Planejamento e Controle. O sistema de percepção é responsável pela captura de dados do ambiente externo e é composto de câmeras, radares, sonares, sensores e Lidars. Entretanto, existem situações em que os objetos podem não ser identificados e condições climáticas como neve, neblina podem reduzir a eficácia do sistema de percepção. Nesse casos, a comunicação entre veículos (V2V) e a comunicação entre veículos e infraestrutura (V2I) podem ser utilizadas para enriquecimento das informações do sistema de percepção e contribuir para a redução de acidentes. Adicionalmente, a tecnologia 5G possibilita redes de comunicação com menor latência e alta velocidade. Serão introduzidas metodologias de simulação para VAs como simuladores de tráfego e simuladores de rede, avaliando casos de uso relevantes como ultrapassagem em rodovias de mão dupla, mudança de faixa e platooning. Utilizando simulações e posteriormente testes em pista, o resultado esperado é a redução da quantidade e da severidade de acidentes, resultado em redução da quantidade de mortes em acidentes de trânsito.

Palavras-chaves

Veículos Autônomos; Segurança crítica; 5G; Comunicação entre veículos (V2V); Simulação de Tráfego.

3.1. Introdução

Nas últimas décadas do século XX e nas duas primeiras décadas do século XXI, o número de veículos aumentou expressivamente, principalmente nas grandes metrópoles e atingiu a marca de 1,32 bilhões de veículos e caminhões no mundo em 2016, segundo relatório da Wards Intelligence. Entre 1996 e 2016, a quantidade mundial de automóveis cresceu 97,0%, já que esta quantidade em 1996 era de 670 milhões de automóveis.

Como consequência, houve um aumento dos acidentes de trânsito, que resultam em prejuízos financeiros, internações, incapacitações e mortes (AZEVEDO, CONTARATO e SANCHES, 2019). No ano de 2018, houve 1,35 milhões de mortes ocasionadas por acidentes de trânsito, colocando os acidentes de trânsito como uma das 10 maiores causas de morte no mundo, conforme relatório da Organização Mundial da Saúde, em inglês World Health Organization (WHO, 2018). Dessa forma, a segurança veicular se torna cada vez mais um tema de maior relevância, tanto no meio acadêmico quanto na indústria automotiva.

Foram implementadas diversas inovações para reduzir a quantidade e a severidade de acidentes com introdução de dispositivos no veículo tais como air-bags frontais e laterais, o sistema de freios ABS, do inglês Anti-lock Braking System, o programa eletrônico de estabilidade ou Electronic Stability Program (ESP), avisos sonoros e luminosos quando motorista se movimenta para outra faixa, entre outros.

Ao analisar os motivos para ocorrência de acidentes de trânsito, o principal causador dos acidentes são os próprios motoristas dos veículos, seja por excesso de consumo de álcool, imprudência, imperícia ou fadiga. Segundo estatísticas do Departamento de Trânsito dos Estados Unidos da América (NHSTA, 2018), 94% dos acidentes de trânsito tiveram atribuídos aos motoristas a razão crítica para ocorrência do evento.

Visando reduzir a quantidade de acidentes de trânsito devido a erros humanos, um objeto de extensivas pesquisas e testes recentes, principalmente nos EUA, são os Veículos Autônomos (VAs), em inglês Autonomous Vehicles (AVs) ou Self-Driving Cars. Além da redução dos acidentes de trânsito, existem diversos benefícios com a utilização desse tipo de veículo tais como: redução de gastos no sistema de saúde público ou privado, redução da emissão de poluentes, melhoria da eficiência do consumo de combustível e diminuição do nível de congestionamento nas grandes metrópoles (PENDLETON, et al., 2017). Adicionalmente, o motorista realizar atividades de entretenimento durante o transporte, como utilizar o smartphone, ler ou assistir vídeos, aumentando o conforto dos ocupantes durante o trajeto.

Outra motivação para utilização de veículos autônomos é contribuir para o estabelecimento de novas formas de mobilidade, como veículos compartilhados e Mobilidade como Serviço (MaaS) ou Mobilidade por Demanda (MoD). Essas novas utilizações buscam maior acessibilidade e conveniência em relação ao modelo de mobilidade tradicional baseado em veículo próprio.

Esse texto tem o objetivo de apresentar os principais elementos de veículos autônomos, analisar a utilização da comunicação entre veículos para melhoria da segurança veicular e a realização de simulações computacionais para veículos autônomos.

3.2. Relevância da Segurança para VAs

A segurança veicular se torna cada vez mais um tema de grande relevância tanto no meio acadêmico quanto na indústria de veículos terrestres. O objetivo dessa área de pesquisa é tanto a redução das colisões entre veículos como também entre estes e todos os demais elementos do ambiente veicular, tais como pedestres e ciclistas. Dentro do escopo da segurança veicular também está a mitigação dos danos causados por tais colisões.

Em razão das expectativas crescentes em relação ao desenvolvimento dos veículos autônomos, existem diversas entidades governamentais, grupos de pesquisa científica, empresas privadas tanto do ramo automobilístico quanto de telecomunicações que estão envolvidas no desenvolvimento e aprimoramento de tecnologias com o objetivo de que os veículos autônomos estejam realmente presentes nas ruas e de forma segura, em um futuro próximo.

Segundo (AVIZIENIS, *et al.* 2004), *safety* ou segurança física é a ausência de consequências catastróficas ao usuário e ao ambiente e está relacionada à integridade física, saúde e riscos de acidentes.

Uma das aplicações de segurança crítica (safety) mais desafiadoras é a condução autônoma para VAs, pois envolve a adoção de avançadas tecnologias nos sistemas de percepção e de controle do veículo.

Uma ferramenta on-line preparada pela empresa de pesquisa denominada RAND (GROVES, KALRA, 2017) realiza simulações sobre número de mortes nas rodovias dos Estados Unidos que podem ser evitadas com a introdução do VAs. Podem ser alterados o ano de introdução de VAs, o tempo para introdução dos VAs, o percentual máximo da frota de VAs, percepções entre o nível de segurança de VAs e motoristas humanos.

Foi realizada uma simulação com um cenário no qual os veículos autônomos fossem introduzidos em 2025 e considerando 40 anos para inserção do VAs, de modo que até 2065 esses veículos seriam responsáveis por 80% da distância percorrida nos Estados Unidos. Adicionalmente, a distância total percorrida pela frota aumenta 1% ao ano. No período, a segurança de VAs será alterada lentamente de modo que em 2048, os VAs serão duas vezes mais seguros que os motoristas humanos.

Considerando essas premissas, foi realizada uma projeção do número de mortes sem e com adoção de VAs, partindo-se da quantidade de 2020 de 37 mil falecimentos. Do lado esquerdo da Figura 3.1, é apresentada a evolução anual de mortes partindo-se de 2025 até 2070. Em 2069, estima-se que essa quantidade seja de 60 mil quando não há VAs e 37 mil quando 80% da frota for VA, uma redução de 38,3%. À direita, o gráfico de barras comparado, o total de falecimentos acumulado entre 2025 e 2070.

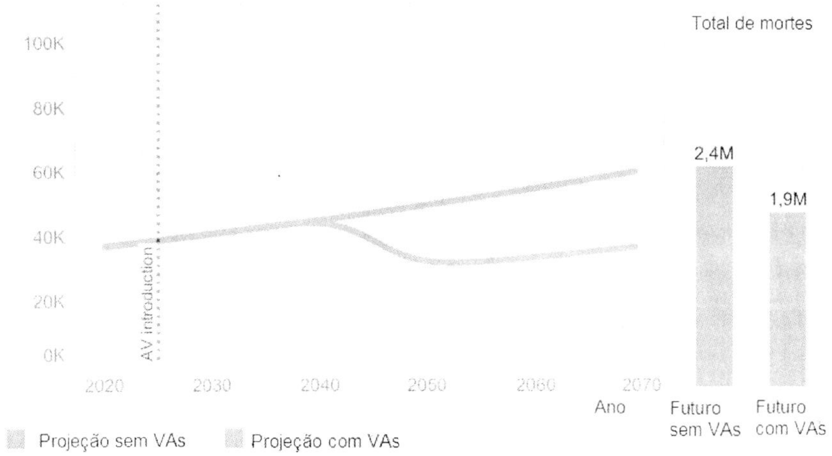

Figura 3.1 - Projeção do número de mortes com e sem adoção de VAs. Fonte: Simulação do Autor

Observando-se o gráfico, o total de mortes é reduzido de 2,38 milhões no cenário sem VAs para 1,87 milhões, com a frota de 80% de VAs. Assim, nesse cenário de simulação, serão salvas aproximadamente 510 mil pessoas nas estradas americanas com a adoção de VAs entre 2025 e 2070 e há uma redução de 21,4% nesse total acumulado.

3.3. Breve Evolução histórica e classificação de VAs

Um marco para o desenvolvimento de veículos autônomos foi a realização de desafios propostos pela agência do Governo americano DARPA a centros de pesquisa, universidades e fabricantes de automóveis. Em decorrência da necessidade futura de utilização de veículos autônomos em suas missões militares, a DARPA organizou competições para veículos autônomos nos anos de 2004, 2005 e 2007. Nas duas primeiras edições, o percurso era no deserto (THRUN, 2006) e em 2007 foi definido um percurso de 97 km no ambiente urbano (URMSON, 2008) e com interação com outros veículos.

A navegação em ambientes urbanos densamente populosos é ainda mais desafiadora para o projeto de veículos autônomos, pois a dinâmica multiagente é complexa nos cruzamentos de trânsito. Nessa situação, existe a necessidade de monitorar e responder a dezenas ou centenas de atores, deve-se seguir as leis de trânsito, identificando os sinais de trânsito e as marcações de faixas, além de existir uma grande quantidade de eventos não esperados como construção nas estradas, acidente ocorrido à frente, animais em uma estrada, uma criança correndo na rua, entre outros.

Diversos fabricantes de veículos, tais como BMW, Mercedes-Benz e General Motors iniciaram pesquisas com veículos autônomos e desenvolveram protótipos que possibilitam a direção autônoma sob algumas condições. Adicionalmente, o Google iniciou seu projeto de construção de um veículo autônomo em 2009 utilizando veículos Toyota Prius adaptados. Em 2016, foi estabelecida a empresa Waymo como a companhia de tecnologia para direção autônoma do Google.

Outra empresa de tecnologia que desenvolveu projetos de veículos autônomos foi o Uber, que planejava lançar sua própria linha de veículos autônomos, que seriam utilizados em trechos, cidade e situações favoráveis para o transporte autônomo. No fim de 2020, o Uber vendeu de veículos autônomos, denominada Advanced Technologies Group (ATG) para Aurora Innovation (AURORA, 2020), que possui parceiras com Toyota, Volvo e Paccar.

Uma empresa de destaque é a Tesla, já que seus veículos possuem algumas capacidades autônomas ou autônomas por meio de um pacote de recursos, chamado Autopilot , que deve ser utilizado apenas com um motorista totalmente atento para assumir o controle.

A Sociedade dos Engenheiros Automotivos (SAE) elaborou uma classificação que estabelece o nível de automação no qual o veículo está com base nos papéis assumidos pelos sistemas automatizados. Para cada nível são identificados os papéis do motorista e do veículo autônomo em relação à realizados dos comandos de embreagem, aceleração e freio, monitoramento das condições de tráfego como mostrado na Tabela 1. O controle longitudinal está relacionado à aceleração e frenagem do veículo e o controle lateral é responsável pela direção.

Tabela 1: Níveis de Automação para veículos autônomos definidos pelo SAE. Fonte: Adaptado de (SAE, 2014)

Nível	Nome do Nível	Papel do Sistema Automatizado
0	Condução manual, sem automação	Autonomia zero. O motorista realiza todas as tarefas da direção.
1	Assistência à condução	Veículo é controlado pelo motorista, mas somente algumas funções de assistência à direção podem ser incluídas no projeto do carro.
2	Automação Parcial	Existe uma combinação de funções automatizadas como controle lateral ou controle longitudinal. O motorista deve estar atento ao trajeto e monitorar o ambiente durante todo o tempo.
3	Automação Condicional	É necessário que o motorista ao volante e pronto para assumir o volante quando preciso, mas não é requerido o monitoramento do ambiente. Existe a função de detecção e respostas a eventos e objetos (OEDR).
4	Automação Elevada	O automóvel é capaz de executar todas as funções para direção sob algumas condições climáticas e do trajeto. O motorista pode ter a opção de assumir o volante.
5	Completa Automação	O automóvel é capaz de executar todas as funções para direção em todas as condições. O motorista pode ter a opção de assumir o volante.

Para alcançar um nível de automação mais elevado, os veículos precisam capturar as informações do ambiente através de sensores como câmeras e radares para tomar decisões sobre as manobras considerando todas as entradas, inclusive da comunicação entre veículos e infraestrutura e dos veículos com outros veículos.

3.4. Competências Principais de um VA

As competências centrais do software de um veículo autônomo podem ser categorizadas em três categorias: percepção, planejamento e controle. As interações entre essas competências e o ambiente externo são apresentadas na Figura a seguir. Adicionalmente, as comunicações veículo a veículo (V2V) podem ser empregadas para alcançar melhorias nas áreas de percepção e/ou planejamento através da cooperação entre os veículos.

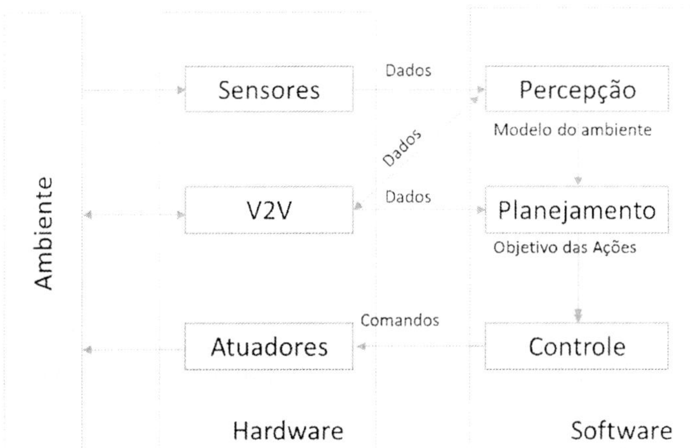

Figura 3.2 - Visão Geral do sistema de veículo autônomo. Fonte: adaptado de PENDLETON (2004)

A percepção representa a capacidade do sistema autônomo de coletar informações e extrair conhecimento relevante sobre o ambiente externo. É necessário o entendimento do ambiente para determinar a localização de objetos, a detecção de sinalizações e placas e a categorização dos dados pelo significado semântico.

O sistema de percepção contém elementos de hardware como câmeras, radares e Lidar, além do software necessário para transformar os dados dos sensores na visão computacional do ambiente externo. LiDAR, um acrônimo para *Light Detection and Ranging*, trata-se de um sonar que emite milhões de ondas de laser por segundo com um padrão bem definido para mapear a distância dos objetos ao redor. Uma das vantagens do LiDAR é uma percepção de profundidade impressionantemente precisa, que permite ao LiDAR calcular a distância de um objeto que está a poucos centímetros até 60 metros de distância do veículo. Além disso, o sistema de percepção deve localizar a posição do automóvel através de um GPS. Um dos desafios dos sistemas de percepção é a detecção de objetos em pontos cegos e a utilização em diferentes condições climáticas como chuva, neblina e neve, nas quais não será possível obter todas as informações do ambiente. Assim, para se alcançar o nível 5 da automação de veículos autônomos da SAE, é necessário a incorporação de outros dispositivos para suprir a necessidade de informação.

No projeto de veículos autônomos, devem ser determinados os domínios de operação nos quais esses veículos podem operar. Existem condições climáticas como neblina e neve que podem impossibilitar o sistema de percepção. Adicionalmente, é necessário que o sistema do VA já tenha mapeado a região por onde o automóvel está trafegando. Assim, existem limitações geográficas para operação. Este domínio é representado pela sigla ODD, do inglês Operacional Design Domain.

O planejamento está relacionado ao processo de realizar decisões com objetivo de alcançar as metas definidas, no caso conduzir o veículo de uma posição inicial para uma localização desejada, evitando obstáculos e otimizando as métricas de desempenho.

O tipo de planejamento depende da janela de tempo a ser observada. O planejamento de longo prazo visa determinar qual a rota a ser seguida para ir da origem ao destino e determina ações para as próximas dezenas de minutos ou horas. O planejamento de curto prazo possui horizonte de tempo dos próximos segundos, sendo utilizados para ações como posso entrar nesta intersecção e virar à esquerda. Por sua vez, o planejamento imediato está relacionado com as ações atuais a serem realizadas como acelerar ou frear e com qual intensidade ou continuar na trajetória atual em uma curva.

Por sua vez, a competência de controle se refere à capacidade do veículo autônomo realizar as ações planejadas, como virar à esquerda, acelerar, frear que foram geradas pelos processos de alto nível, como a definição do trajeto entre a origem e destino. É necessário realizar o acompanhamento do caminho e da trajetória do VA para fornecer feedback ao VA sobre sua movimentação.

Adicionalmente, a comunicação entre outros veículos e a infraestrutura deve influenciar o desenvolvimento de tecnologia de condução autônomos, posto que permite melhor a consciência com o ambiente externo, além das informações trazidas pelos sistemas de percepção.

3.5. Comunicação para VAs com foco em segurança

Para esses veículos, um fator essencial é que a garantir da segurança crítica (safety) de VAs. Visando esse objetivo, a ideia do presente trabalho é a utilização da comunicação externa ao veículo para aumentar a segurança, dado que já ocorre intensa comunicação internamente.

Os sistemas de comunicação inter-veicular (V2V) e entre outros elementos (V2X) são indicados para cobrir a lacuna não coberta pelo sistema de percepção e adicionar novas informações como a intenção de manobra dos outros veículos e a existência de acidentes de trânsito informada pela infraestrutura de trânsito.

Os sistemas de comunicação permitem o intercâmbio de mensagens de forma confiável e precisa entre veículos, ou Vehicle to Vehicle (V2V), entre os veículos e a infraestrutura da via, ou Vehicle to Infrastructure (V2I), entre os veículos e os pedestres, ou Vehicle to Pedestrians (V2P). Além da comunicação entre esses elementos do ambiente veicular, o conceito de comunicação veicular busca conectar o veículo a outros elementos, como a Internet.

Para integrar esse conjunto de modos de comunicação, entre o veículo e os outros elementos do ambiente veicular, emprega-se o conceito de Vehicle to Everything (V2X). A Figura a seguir ilustra o fluxo de comunicações entre veículos, infraestrutura e pedestres.

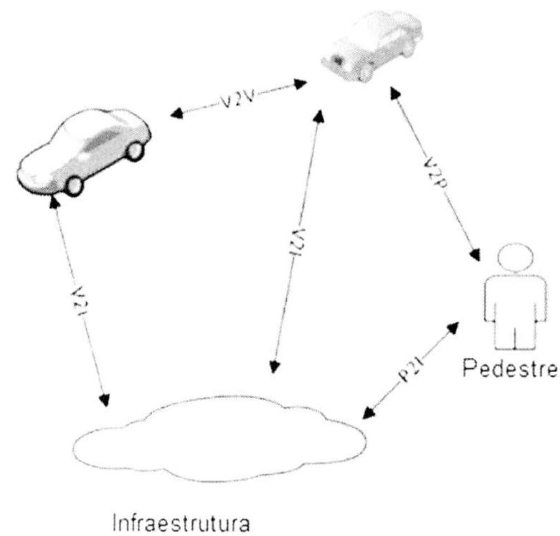

Figura 3.3 - Conexões de rede e conectividade V2X. Fonte: (MEUCK, KARLS, 2017) adaptado

Em função da introdução do V2X, serão abordados aspectos de comunicação relevantes para segurança de veículos autônomos, como as tecnologias, protocolos e dispositivos que visam melhoria da comunicação nos seus quesitos (disponibilidade, taxa de erros, nível de sinal, latência) resultando em aumento de segurança. Existem diversos estudos que apresentam os benefícios da adoção de veículos autônomos nas condições de tráfego, porém são raros os artigos realizados com as condições de tráfego no Brasil. Adicionalmente, são raros os artigos que abordam e analisam a melhoria na segurança crítica (safety) com a adoção de VAs. O principal desafio das tecnologias de comunicação veicular é o desenvolvimento de uma rede robusta e escalável que ofereça alta vazão e baixa latência para as aplicações de segurança (LI, 2015).

Pela literatura, são cenários relevantes para veículos autônomos, comboio ou platooning, mudança de pista, cruzamento entre vias, manobras de ultrapassagem, entre outros onde o risco de colisões é elevado (MICULESCU, 2020).

A comunicação entre veículos do inglês Vehicle-to-Vehicle Communication (V2V) é parte da comunicação veículo para qualquer objeto ou Vehicle-to-Everything Communication (V2X), sendo utilizada para conectar veículos utilizando tecnologias de acesso a redes locais e de longa distância. Uma outra denominação utilizada para V2X é veículos conectados e cooperativos. Um objetivo principal da comunicação V2V ou V2X é prevenir acidentes e salvar vidas através de alertas aos motoristas para perigos que não estão visíveis, como pistas fechadas devido a obras ou acidentes.

Outro objetivo é o aumento da eficiência, particularmente no contexto do volume tráfego e da eficiência energética. Com o apoio de informações relevantes recebidas através da comunicação V2X, o veículo pode alterar a rota para reduzir o congestionamento ou ajustar a velocidade para se adequar ao fluxo de tráfego. A comunicação entre os veículos e a infraestrutura (V2I) possui como casos de uso um alerta para obras na pista, alertas de acidente ou perigo na pista, informações sobre o tempo para o semáforo fechar. (SJAFRIE, 2020).

3.5.1. Platooning

A comunicação V2V utiliza um protocolo de comunicação dedicado a permitir que os veículos troquem dados entre si. Por meio do V2V, é possível desenvolver novas características que permitem melhorar o fluxo de veículos como o controle cooperativo de cruzeiro, também denominado platooning. Essa situação representa um grupo de dois ou mais veículos autônomos consecutivos trafegando sobre uma rodovia na mesma pista com uma distância reduzida e à mesma velocidade e é apresentada na Figura a seguir.

Figura 3.4 - Cenário de Platooning. Fonte: (MONTANARO *et al*, 2018)

A comunicação entre veículos foi possibilitada como o desenvolvimento das Redes Veiculares Ad Hoc, do inglês Vehicular Ad-Hoc Network (VANET) e com o advento para tecnologia 5G, que permite comunicação com baixas latências, alta confiabilidade e requisitos de segurança cibernética (FROST & SULLIVAN, 2017; AISSIOUI et al., 2018).

A comunicação entre veículos e infraestrutura traz possibilidades adicionais para combinar informações relevantes em tempo real para melhorar a eficiência do tráfego. A temporização de semáforos, a sinalização de ruas, congestionamentos, acidentes de trânsito, condições climáticas atuais e previsões do tempo, além de dados históricos são exemplos de dados relevantes e relacionados ao trânsito. Existem interfaces críticas entre os Sistemas Inteligentes de Transporte ou Intelligent Transport Systems (ITS) e as cidades inteligentes ou smart cities. A junção dos Sistemas Avançados de assistência ao motorista ou Advanced Driver Assistant Systems (ADAS) como a comunicação V2X resulta nos Veículos Autônomos e Conectados ou Connected and Autonomous Vehicles (CAVs).

Nesse contexto, o conceito de Intelligent Transportation System (ITS) define a utilização de uma série de aplicações computacionais que tem como objetivo melhorar a segurança e a eficiência dos sistemas de transporte, além de melhorar a experiência de condução (DOMIN, 2010).

3.6. Tecnologia de comunicação V2X

A conectividade e redes de V2X podem ser implementadas com diferentes tecnologias sem fio. Uma dessas tecnologias é a Dedicated Short-Range Communications (DSRC), desenvolvida para casos de uso de segurança crítica baseadas no padrão IEEE 802.11p, WiFi. DSRC é específico para curtas distâncias em uma rede ad-hoc de fluxo de dados em ambos os sentidos em uma banda dedicada de 70 MHz no espectro com sete canais. Esta tecnologia foi alocada na frequência de 5,9 GHz nos Estados Unidos e Europa e em 5,8 GHz no Japão. O tempo de latência do DSRC é abaixo de 50 milissegundos e a cobertura é até 2 quilômetros com taxa de dados de 6 Mbps a 27 Mbps. As mensagens são criptografadas com uma infraestrutura de chave pública.

Esse padrão do IEEE, na camada de controle de acesso (MAC), utiliza a técnica de broadcast como método principal para disseminar as mensagens de emergência e de segurança. DSRC possui seis (6) canais de serviço e um (1) canal de controle. Pela alocação das frequências, quando um veículo de emergência transmitir uma mensagem alertando a aproximação desse veículo de emergência, será utilizado o canal de controle (RAHMAN, TEFE, 2014).

Essa tecnologia foi adotada pelo Departamento de Segurança no Trânsito dos Estados Unidos. Diversas montadoras americanas estão desenvolvendo seus VAs baseados em DSRC. Denomina-se WAVE (Wireless Access to Vehicular Environment) a uma arquitetura definida em 6 documentos: IEEE P1609.1, IEEE P1609.2, IEEE P1609.3, IEEE P1609.4, IEEE 802.11 e IEEE 802.11p. Essa arquitetura visa garantir a padronização das comunicações feitas em redes veiculares no grupo IEEE 802.11.

Na Europa, foi adotada a nomenclatura ITS-G5, em vez de DSRC. Essa tecnologia aplica uma adaptação europeia para a subcamada física e de acesso ao meio de 5 GHz usando IEEE 802.11 como o padrão base. A Figura 5 ilustra a pilha de protocolos utilizados em cada solução.

	IST-G5 (Europe)	WAVE (USA)
Security IEEE 1609.2		
	C2C-CC	SAE J2945
	CAM, DENM, SPAT, MAP	SAE J2735 (BSM, SPAT, MAP, etc.)
	GeoNet / Decentralized congestion control	DSRC WAVE short message protocol
	TCP/IPv6	TCP/IPv6
	IEEE 802.11p MAC EU Profile	IEEE 802.11p MAC DSRC
	IEEE 802.11p PHY EU Profile	IEEE 802.11p PHY DSRC

Figura 3.5 - Pilha de protocolos do DSRC e IST-G5. Fonte: (MEUCK, KARLS, 2017):

Outro padrão que pode ser utilizado para comunicação V2X está em desenvolvimento pelo 3GPP, 3rd Generation Partnership Project. Esse projeto une organizações que desenvolvem padrões de telecomunicação. O padrão adotado por essa instituição é LTE C-V2X, Long Term Evolution Celular-Vehicle to Everything. Atualmente, esse projeto já apresentou o Release 15, onde foram incluídas características de rede 5G na especificação, e está trabalhando na elaboração do Release 16.

Entretanto, nem todos os fabricantes de VAs estão utilizando atualmente as comunicações V2X para incrementar a segurança, devido aos indicadores de desempenho inadequados das atuais redes de telefonia celular, como cobertura da rede, segurança dos dados e confiabilidade, da necessidade de assinatura de uma operadora de celular e de acordos para roaming.

3.7. Comunicação 5G e veículos autônomos

A Figura 3.6 apresenta uma organização da comunicação inter-veículos em uma infraestrutura de rede 5G, no qual um componente da recebe em tempo real as informações de cada veículo como a posição, velocidade ou aceleração via unicast e enviar para todos os nós da rede por broadcast os dados coletados para todos os outros veículos envolvidos na travessia do cruzamento de forma cooperativa.

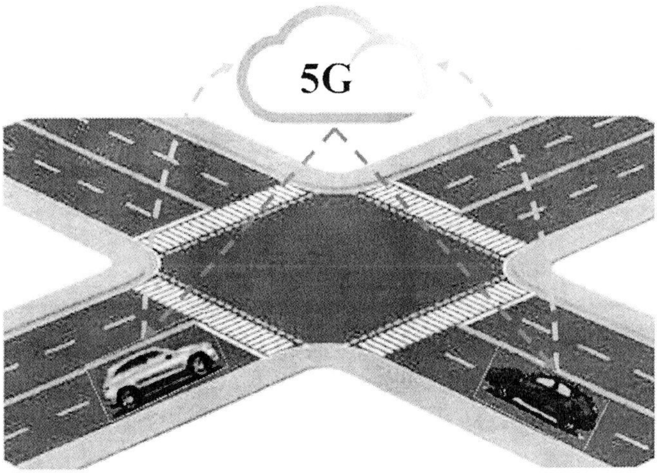

Figura 3.6 - Comunicação inter-veículos sobre infraestrutura 5G. Fonte: (CASTIGLONI, 2021)

As redes de telecomunicação atuais não foram projetadas para tratar o volume de dados e processamento necessários para atender milhares de veículos autônomos que estiverem simultaneamente no mesmo trecho. Assim, a evolução dos veículos autônomos envolve a evolução das tecnologias de comunicação ou o desenvolvimento de novas tecnologias como a Quinta geração de internet sem fio (5G). A conectividade e capacidade de trocar informações em uma rede são novas características a serem incluídas nos veículos autônomos, nas quais a comunicação V2X deve ser obrigatoriamente confiável e com baixa latência.

Em relação à próxima geração de tecnologias de comunicações via rádio, a expectativa é que a nova geração entregue maior capacidade, com latência muito baixa e maiores taxas de transmissão. Com o aumento do tráfego móvel pela conectividade de diversos objetos, as redes de telefonia celular precisarão aumentar sua capacidade para suportar o volume de conexões adicionais.

Veículos autônomos necessitam atuar com atualizações de dados praticamente instantâneas das informações de suas redondezas. Assim, não há tempo para enviar e receber informações de um servidor localizado a centenas de quilômetros de distância quando o veículo está trafegando em alta velocidade como 100 km/h em uma rodovia com quase 100 veículos próximos. Com a tecnologia 5G e a consequente disponibilização de recursos computacionais em cada nó da rede, as informações serão entregues aos veículos conectados em milissegundos.

A tecnologia 5G tem como objetivo entregar múltiplas formas de conectividade incluindo comunicações entre veículos e outros veículos, veículos e infraestrutura e veículos com a rede de eletricidade. Nos locais onde o 5G não está disponível, será utilizada a rede 4G LTE, isto é, Long Term Evolution. A figura a seguir compara o desempenho e capacidade de redes 4G e 5G em diversos quesitos como: Valor de Pico da Taxa de Transferência de Dados, Eficiência Espectral, Taxa de Transferência de Dados para Usuário, Mobilidade, Latência, Densidade de Conexões, Eficiência Energética da rede, capacidade de área de tráfego.

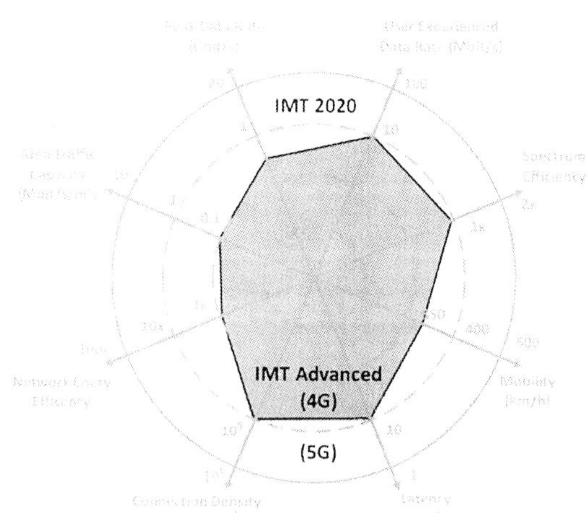

Figura 3.7 - Comparação das capacidades das redes 4G e 5G. Fonte: (MEUCK, KARLS, 2017)

Uma característica desse tipo de interconexão é que a rede é bastante dinâmica, pois novos nós entram na rede, por exemplo, veículos que estavam parados e começam a trafegar, e nós saem da rede, como veículos que são estacionados e desligados. Assim, será necessário periodicamente verificar a configuração da rede V2X. Adicionalmente, existem discussões de como aplicar de técnicas de acesso multi-radio (multi-RAT) para melhoria da confiabilidade da comunicação. Utilizando a tecnologia 5G, é possível estabelecer comunicação entre veículos autônomos e a infraestrutura de trânsito, Vehicle-to-Infrastructure (V2I). Com a comunicação direta V2X, a latência da transmissão poderá ser reduzida eficientemente, dado que a infraestrutura da rede não está envolvida na transmissão de dados do plano de usuário.

Os casos de uso de V2X são bem desafiadores quando estão relacionados a funções de segurança do veículo de acordo com ISO 26262, a qual especifica os procedimentos a serem realizados no caso de um veículo ter um mau comportamento para não representar risco para as vidas dos envolvidos.

Para aplicação V2X, 3GPP estabeleceu os passos para evolução do C-V2X que suportam serviços de sistemas inteligentes de transporte (ITS).

3.8. Metodologia para simulação com veículos autônomos

Para simulação de veículos autônomos, é necessário utilizar como fonte os dados provenientes dos modelos computacionais, composto por ambientes de simulação independentes, mas inteiramente interligados: a simulação da rede de telecomunicação veicular e a simulação de tráfego.

A aplicação que controla o cenário está presente na camada de aplicação da simulação da rede de comunicação e envia comandos de controle para a simulação dos veículos. Em contrapartida, a rede de comunicação usa os dados provenientes da simulação veicular para compor suas mensagens e transmiti-las na rede.

Uma das primeiras tarefas dessa pesquisa foi, com base na literatura, avaliar as ferramentas de simulação existentes e selecionar a que melhor atendia as necessidades iniciais. A partir dessa pesquisa inicial e levantamento das principais ferramentas computacionais de simulação, selecionou-se as mais relevantes para testes e selecionou-se a combinação OMNeT++/Veins/SUMO, que é uma ferramenta de código aberto.

De forma análoga, os simuladores de tráfego também foram avaliados. Para a simulação de tráfego e transporte público podem-se contemplar três tipos de abordagem, de acordo com o nível de detalhamento e abrangência da simulação (Poyares, 2000):

- Macroscópica,
- Mesoscópica,
- Microscópica.

Os modelos macroscópicos são utilizados para planejamento de intervenções estratégicas, simulação de grandes áreas, implementações de novas vias ou duplicação de vias. As simulações macroscópicas focam no comportamento da rede veicular de modo mais amplo. Esse tipo de simulador, utilizando principalmente técnicas estatísticas e dados históricos, modela o fluxo de veículos e seu comportamento. Esses simuladores são destinados principalmente à análise de comportamento dos fluxos e para tomada de decisão estratégica por parte de órgãos de gestão de tráfego.

Os modelos mesoscópicos são aplicados para análises de intervenções táticas, definição de rotas de veículos e verificação de mudanças de rotas em função de estímulos. Na abordagem microscópica, são simuladas pequenas áreas, com análise de intervenções operacionais como esquemas alternativos de controle de tráfego, alteração nas operações semafóricas. Os simuladores microscópicos aplicam técnicas de sistemas multiagentes ou de sistema de partículas, por exemplo, e focam nos elementos do ambiente de tráfego. Esses simuladores se destinam principalmente a estudos onde o comportamento de cada veículo é relevante.

Portanto, um simulador microscópico foi selecionado uma vez que os objetivos da pesquisa estão associados ao comportamento e controle de cada veículo. Um simulador de tráfego microscópio comercial é PTV VISSIM, da empresa alemã PTV Group, sediada no polo tecnológico de Karlsruhe.

Uma fonte de pesquisa a ser utilizada sobre os relatórios de segurança dos fabricantes de VAs como a Waymo (WAYMO, 2021), a General Motors (GM, 2018), entre outros, que irão relatar os testes realizados no período e a solução dos eventuais problemas encontrados. Adicionalmente, o Departamento de Trânsito dos Estados Unidos elabora relatórios periódicos sobre a segurança de VAs (US DOT, 2020), que reportam acidentes de tráfego, especialmente envolvendo veículos autônomos, introduzem princípios para inovação em VAs, para proteção de usuários e da comunidade e elementos a serem padronizados no território americano.

Na pesquisa de veículos autônomos em ambientes urbanos existem custos de infraestrutura e dificuldades de logística dos sistemas de treinamento e teste no mundo real, o que requer altos investimentos financeiros e de mão de obra. Assim, a simulação é a alternativa para treinar e validar as estratégias de direção e uma forma democratizar a pesquisa para esses veículos.

Apesar da existência de pesquisas ad-hoc em veículos autônomos, as plataformas de simulação existentes na época do artigo eram limitadas. Algumas das plataformas open-source da época não possuíam pedestres, cruzamentos, regras de trânsito, não ofereciam customização e controle do ambiente.

Um exemplo de software para simular o comportamento de um veículo autônomo é o simulador CARLA (Car Learning to Act) é de Plataforma aberta e foi desenvolvido para trânsito urbano, possibilitando o suporte ao treinamento, prototipação e validação dos modelos de direção autônoma, tanto na percepção como no controle.

Os elementos do ambiente urbano como diversos veículos, prédios, sinais de trânsito, pedestres foram criados para criar um ambiente fidedigno com o ambiente urbano real. Também é possível alterar as condições do tempo (sol, chuva, tempo nublado, neblina, pôr-do-sol) e a hora do dia, que permite verificar o funcionamento do veículo em diversos domínios de operação.

Após a utilização de simuladores de tráfego na pesquisa, será necessário a implementação dos modelos de comunicação selecionados com base nas suas características que permitiam o emprego dos modos de comunicação V2V e V2I, aplicado em situações que mais poderiam ter proveito de tais tecnologias como modelo de ultrapassagem e modelo de controle de interseção.

Concluindo com sucesso a simulação computacional do software do VA, a próxima etapa para o desenvolvimento do veículo é a realização de testes em pistas de testes com percursos fechados. Após a aprovação nestes testes, é possível realizar testes de condução no mundo real em pistas públicas, considerando as limitações operacionais do projeto do VA.

3.9. Considerações Finais

O desenvolvimento de um veículo autônomo envolve diversos desafios tanto para o desenvolvimento do hardware e principalmente no software necessário para sua operação.

Houve diversos testes com veículos autônomos, mesmo em condições extremas, onde a direção de um veículo autônomo se mostrou tão eficiente como a direção com motoristas humanos. Existem inúmeras situações que podem ocorrer no trânsito que dificilmente podem ser previstas em um algoritmo computacional.

O trânsito representa um mundo extremamente complexo, já que existem diversos objetos móveis como caminhões, carros, ônibus, pessoas, ciclistas, animais e objetos imóveis como postes, placas, guias e calçadas.

Adicionalmente, no desenvolvimento dessa nova tecnologia ocorreram sérias disfunções e erros que fizeram com que a confiança da população recuasse e, com isso, a produção em massa desses veículos foi postergada.
Considerando o ciclo infinito de desenvolvimento de software e treinamento de redes neurais, as melhorias contínuas nas capacidades de hardware do sensor, a preparação para infinitos casos extremos que podem surgir, a direção autônoma provou ser uma tarefa complexa de resolver.

Uma área que se desenvolveu em veículos autônomos são os Taxis-robôs, que foram testados e desenvolvidos por muitas empresas de tecnologia e fabricantes de automóveis ao redor do mundo. Em algumas cidades dos Estados Unidos e da China, o serviço de transporte autônomo já é oferecido.

Normalmente, são necessárias aprovações para operar com taxis-robôs em novas cidades e a expansão é bem gradual, pois envolve um alto custo inicial para mapeamento e manutenção dos mapas detalhados da região da operação e para compra da frota.

Como táxis-robôs estão limitados a operar em certas áreas e condições, eles são classificados como nível de automação 4 pelos critérios definidos pelo SAE.

De acordo com o *S&P Global Mobility* (2023), houve um pico de expectativa em relação aos veículos autônomos no fim da década de 2010. As projeções de adoção de veículos foram ajustadas para baixo e haverá uma inclusão limitada de veículos autônomos até 2035.

Referências Bibliográficas

AURORA. Aurora is acquiring Uber's self-driving unit, Advanced Technologies Group, accelerating development of the Aurora Driver. Publicado em 07 dez. 2020. Disponível em <https://aurora.tech/blog/aurora-is-acquiring-ubers-self-driving-unit-advanced>. Acessado em 19 jun. 2022.

AVIZIENIS, A, LAPRIE, J.-C, RANDELL, B., LANDWEHR C. "Basic concepts and taxonomy of dependable and secure computing," in IEEE Transactions on Dependable and Secure Computing, vol. 1, no. 1, pp. 11-33, Jan.-March 2004, doi: 10.1109/TDSC.2004.2.

AISSIOUI, A., KSENTINI, A., & TALEB, T. On Enabling 5G Automotive Systems Using Follow me edge-cloud concept. ***IEEE Transaction on Vehicular Technology***. 2018. doi:10.1109 /TVT.2018.2805369

AZEVEDO, A. L.; CONTARATO, A.; SANCHES, D. Maio amarelo: Contextualizando as estatísticas de acidentes de trânsito no Brasil. **FGV-DAPP**, 11 Novembro 2019. Disponível em: <http://dapp.fgv.br/maio-amarelo-contextualizando-estatisticas-de-acidentes-de-transito-no-brasil>. Acessado em 15 jan. 2022.

CASTIGLIONE, L. M. FALCONE, P. PETRILLO, A. ROMANO, S. P. SANTINI, S. "Cooperative Intersection Crossing Over 5G," in *IEEE/ACM Transactions on Networking*, vol. 29, nº 1, pp. 303-317, Fev. 2021, doi: 10.1109/TNET.2020.3032652.

DOMIN, C. Enabling Safety and Mobility through Connectivity. **SAE International Journal of Passenger Cars - Electronic and Electrical Systems**, v. 3, n. 2, p. 90-98, 2010. ISSN 10.4271/2010-01-2318.

FROST & SULLIVAN. *Vehicle-to-Everything Technologies for Connected Cars -*

DSRC and Cellular Technologies Drive Opportunities. **TechVision Group of Frost & Sullivan**, Frost & Sullivan Consulting. 2017.

GENERAL MOTORS (GM). 2018 Safety Report. Disponível em https://www.gm.com/content/dam/company/docs/us/en/gmcom/gmsafetyreport.pdf . Acessado em 22 jan. 2022.

GROVES, D. G. KALRA, N., *Enemy of Good: Autonomous Vehicle Safety Scenario Explorer*, Santa Monica, Calif.: RAND Corporation, TL-279-RC, 2017. As of January 14, 2022. Disponível em: <https://www.rand.org/pubs/tools/TL279.html>. Acessado em 22 jan. 2022.

LI, Z. et al. Sustainability Effects of Next-Generation Intersection Control for Autonomous Vehicles. **Transport**, v. 30, n. 3, p. 342-352, 2015. Disponível em: <https://www.tandfonline.com/doi/abs/10.3846/16484142.2015.1080760>. Acessado em 16 jan. 2022.

MEUCK, M. KARLS, I. **Networking Vechicles to Everything**. Walter de Gruyter Inc., Berlim – Alemanha, 2017.

MICULESCU, D.; KARAMAN, S. Polling-systems-based Autonomous Vehicle Coordination in Traffic Intersections with No Traffic Signals. **IEEE Transactions on Automatic Control**, 65, n. 2, Fev. 2020. 680-694. Disponível em: <https://ieeexplore.ieee.org/document/8732975>. doi 10.1109/TAC.2019.2921659.

MONTANARO, U. DIXIT, S. FALLAH, S. DIANATI, M., STEVEN, A. OXTOBY, D. MOUZAKITIS, A. Towards connected autonomous driving: review of use-cases, Vehicle System Dynamics. 2018. DOI: 10.1080/00423114.2018.1492142

NATIONAL HIGHWAY TRAFFIC SAFFETY ADMINISTRATION (NHTSA). Critical Reasons for Crashes Investigated in the nation motor vehicle crash causation survey.

Trafic Safety Stats. 2018. Disponível em <https://crashstats.nhtsa.dot.gov/Api/Public/ViewPublication/812506>. Acessado em 15 jan. 2022.

PATERLINI, Bruno Scarano. Assessment of Connected and Autonomous Vehicles impacts on traffic flow through microsimulation / B. S. Paterlini -- versão corr.-- São Paulo, 2021.116 p.

PENDLETON, S. et al. Perception, Planning, Control, and Coordination for Autonomous Vehicles. **Machines,** *vol 5*. 2017. doi:10.3390/machines5010006

POYARES, C. N. **Critérios para Análise dos Efeitos de Políticas de Restrição ao Uso de Automóveis em Áreas Centrais.** Dissertação de Mestrado, COPPE/UFRJ, Rio de Janeiro, RJ, Brasil. 2000.

RAHMAN, K. A., TEPE, K. E., Towards a Cross-Layer Based MAC for Smooth V2V and V2I Communications for Safety Applications in DSRC/WAVE Based System, 2014 IEEE Intelligent Vehicles Symposium (IV), 8-11 de Junho de 2014, Dearborn, Michigan, EUA, p. 969-973

SAE INTERNATIONAL. Taxonomy and Definitions for Terms Related to Driving Automation Systems for On-Road Motor Vehicles. J3016™. Publicado em jan. 2014. Revisado em abr. 2021.

SJAFRIE, H. **Introduction to Self-Driving Vehicle Technology**. CRC Press. Nova Iorque (EUA). 2020.

THRUN, S.; MONTEMERNO, M.; DAHLKAMP, H.; et al. Stanley: The robot that won the DARPA Grand Challenge. J. Field Robot. 2006, 23, p. 661–692.

URMSON, C. ANHALT, J. FERGUSON, D. et al. Autonomous Driving in Urban Environments: Boss and the Urban Challenge. The DARPA Urban Challenge 1. Journal of Field Robotics 25(8). 2008. p.425–466

US DOT (United States´ Department of Transportation. **Ensuring American Leadership in Automated Vehicle Technologies**: Automated Vehicles 4.0. Jan. 2020.

WAYMO. Waymo Safety Report. fev. 2021. Disponível em https://waymo.com/safety/. Acessado em 22 jan. 2022.

WARDS INTELLIGENCE. World Vehicle Population Rose 4.6% in 2016. Disponível em <https://wardsintelligence.informa.com/WI058630/World-Vehicle-Population--Rose-46-in-2016>. Acessado em 15 jan. 2022.

WORLD HEALTH ORGANIZATION (WHO). Global Status Report on road safety 2018. Disponível em <https://www.who.int/publications/i/item/9789241565684>. Acessado em 15 jan. 2022.

4

Desafios Contemporâneos da Cibersegurança: como Proteger-se das Ameaças Cibernéticas em Constante Evolução

Rodolfo da Silva Avelino
rodolfoavelino@gmail.com
Insper

Resumo

Com o avanço da tecnologia, a cibersegurança tornou-se um dos principais desafios enfrentados pelas organizações e pela sociedade. As ameaças cibernéticas estão em constante evolução, exigindo que indivíduos, empresas e governos estejam sempre atualizados sobre as últimas tendências em segurança cibernética. Este capítulo busca trazer reflexões sobre os desafios contemporâneos da cibersegurança, bem como apresentar um panorama das atuais organizações e práticas das principais ameaças que, por meio de vulnerabilidades, causam impactos e interrupções em empresas de todos os portes.

Palavras-chaves

Cibersegurança, Ameças cibernéticas, Tendências

4.1. Os Desafios Contemporâneos da Cibersegurança

Nos dias de hoje, as organizações dependem cada vez mais das tecnologias da informação para suas operações diárias. Desde a comunicação interna até a realização de transações financeiras, a tecnologia desempenha um papel crítico em quase todas as funções corporativas. Como resultado, a segurança cibernética tornou-se um dos maiores desafios enfrentados pelas organizações.

Segundo o relatório "Allianz Risk Barometer 2023[1]", o incidente cibernético é o principal temor de líderes empresariais no mundo. O relatório, em seu 12º ano, é baseado em uma pesquisa realizada com 2.712 especialistas em gerenciamento de riscos de 94 países e territórios. Os resultados indicam que o risco cibernético ocupa o primeiro lugar entre as preocupações das pequenas empresas, além de ser a principal causa de interrupção dos negócios e a principal preocupação em relação às questões ambientais, sociais e de governança (ESG) das organizações, conforme a Figura 4.1 apresenta.

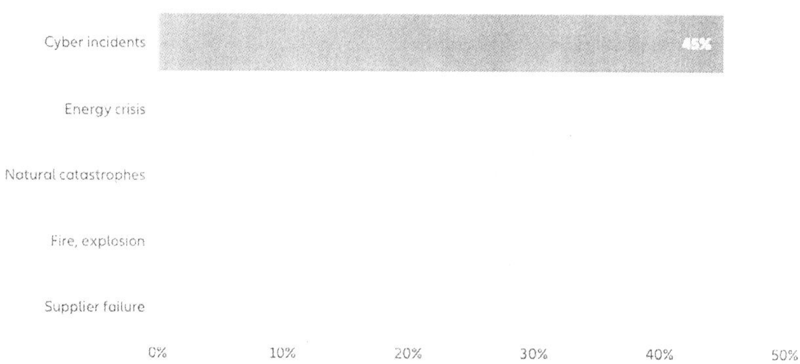

Figura 4.1: Quais são as causas de interrupção dos negócios que sua empresa mais teme? Fonte: Allianz Risk Barometer 2023

1 Allianz Risk Barometer 2023. Disponível em: https://www.agcs.allianz.com/content/dam/onemarketing/agcs/agcs/reports/Allianz-Risk-Barometer-2023.pdf. Acesso em 24 de fevereiro de 2023.

Os entrevistados classificaram as violações de dados como o risco cibernético mais preocupante por diversos motivos, como custos de recuperação, multas governamentais, ações judiciais de clientes e danos à reputação. Em seguida, o ransomware foi classificado como o segundo risco mais preocupante relacionado à segurança cibernética.

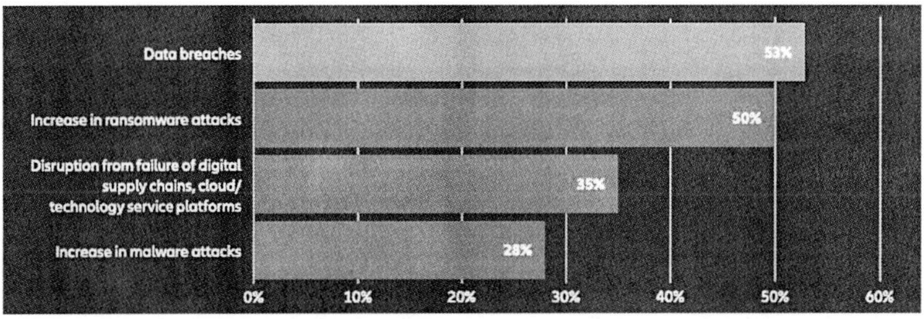

Figura 4.2: Quais exposições cibernéticas preocupam mais sua empresa no próximo ano? Fonte: Allianz Risk Barometer 2023

Muitos incidentes de segurança ocorrem devido à exploração de vulnerabilidades já divulgadas e de domínio público em dispositivos e sistemas desatualizados. Os dispositivos inteligentes conectados à internet, conhecidos como IoT, são um dos principais alvos dos agentes de ameaças. À medida que o mundo se torna mais interconectado pela tecnologia, torna-se cada vez mais difícil identificar a origem exata de um ataque cibernético.

É comum que estes dispositivos, como câmeras de segurança, casas inteligentes e assistentes virtuais, não recebam a atenção adequada de seus administradores, principalmente quando se trata da falta de atualizações. Muitas vezes, esses dispositivos possuem vulnerabilidades de segurança que podem ser exploradas por atacantes para acessar redes e sistemas maiores.

A Figura 4.3, mostra os principais países de origem de dispositivos comprometidos que são aproveitados por atacantes para lançar ataques cibernéticos. De acordo com dados referentes aos primeiros seis meses de 2022, a maior atividade de dispositivos comprometidos foi registrada na China, Estados Unidos, Korea do Sul e Brasil[2].

Figura 4.3 - Países com mais ataques em IoT. Fonte: Nozomi Networks

Embora o gráfico indique que os Estados Unidos e a China são os principais países de origem dos ataques cibernéticos, nem sempre há uma correlação direta entre o local onde a atividade cibernética se origina e a localização do agente da ameaça. Isso ocorre porque dispositivos em qualquer lugar do mundo podem ser comprometidos e usados para lançar ataques cibernéticos globais.

A computação em nuvem, que permite que dados e aplicativos sejam armazenados e executados remotamente em servidores na internet, também apresenta desafios em segurança cibernética. Com mais dados sensíveis armazenados na nuvem, a segurança da nuvem se tornou uma preocupação cada vez maior para

---

2 Relatório OT/IoT Security Report. Cyber War Insights, Threats and Trends, Recommendations. Disponível em: https://www.nozominetworks.com/downloads/Nozomi-Networks-OT-IoT-Security-Report-2022-1H.pdf. Acesso em 24 de fevereiro de 2023.

as empresas e indivíduos que confiam seus dados a provedores de serviços em nuvem.

A natureza compartilhada dos ambientes em nuvem traz à tona questões de responsabilidade e gestão de segurança. As organizações precisam confiar nos provedores de serviços em nuvem para garantir a segurança de seus dados, mas também precisam ter sua própria estratégia de segurança cibernética para se proteger contra ameaças.

Um dos principais desafios da cibersegurança em ambientes na nuvem é a complexidade dos sistemas. A natureza distribuída dos sistemas em nuvem e a quantidade de serviços e dados compartilhados tornam mais difícil identificar vulnerabilidades e proteger contra ataques. Além disso, as organizações precisam garantir que seus fornecedores de serviços em nuvem estejam em conformidade com as normas de segurança relevantes, como PCI DSS[3] e ISO 27001[4].

Embora os provedores de serviços em nuvem ofereçam medidas de segurança, como criptografia de dados e autenticação multifator, as organizações ainda precisam garantir que suas próprias práticas de segurança sejam implementadas corretamente. Apesar dos desafios, é importante lembrar que as mesmas ameaças de segurança que existem em ambientes locais também estão presentes em ambientes em nuvem. O relatório "Top Threats to Cloud Computing[5]" da Cloud Security Alliance (CSA), destaca 11 principais ameaças e problemas aos ambientes em computação em nuvem.

---

3 Payment Card Industry – Data Security Standard. Site oficial: https://www.pcisecuritystandards.org

4 A norma *ISO 27001* é o padrão e a referência Internacional para a gestão da Segurança da Informação.

5 Relatório Top Threats to Cloud Computing. Disponível em: https://assets.extrahop.com/pdfs/analyst-reports/top-threats-to-cloud-computing-pandemic-eleven.pdf. Acesso em 24 de fevereiro de 2023.

Survey Results Rank	Survey Average Score	Issue Name
1	7.729927	Insufficient ID, Credential, Access and Key Mgt, Privileged Accounts
2	7.592701	Insecure Interfaces and APIs
3	7.424818	Misconfiguration and Inadequate Change Control
4	7.408759	Lack of Cloud Security Architecture and Strategy
5	7.275912	Insecure Software Development
6	7.214493	Unsecure Third Party Resources
7	7.143066	System Vulnerabilities
8	7.114659	Accidental Cloud Data Disclosure/ Disclosure
9	7.097810	Misconfiguration & Exploitation of Serverless & Container Workloads
10	7.088534	Organized Crime/ Hackers/ APT
11	7.085631	Cloud Storage Data Exfiltration

Figura 4.4 - As 11 principais ameaças identificadas pela Cloud Security Alliance em 2022.

No relatório o grupo da CSA realizou uma análise detalhada de cada um dos problemas e ameaças. As três principais estão relacionados com procedimentos operacionais e falta de implementação de processos seguros.

A primeira ameaça destacada é a Identidade, Credencial, Gerenciamento de Acesso e Chaves Insuficientes e Contas Privilegiadas. É fundamental manter a manutenção adequada e a vigilância contínua para garantir a segurança desses sistemas em ambientes de nuvem. A utilização de uma pontuação de risco clara e a monitoração constante do comportamento das contas podem auxiliar na verificação da integridade do ambiente. Além disso, é essencial rastrear o acesso de destino e a frequência para pontuação de risco, a fim de compreender o contexto de risco. É importante desativar as contas privilegiadas de forma precisa e imediata para evitar acesso não autorizado após demissão ou mudança de função. As funções e responsabilidades devem estar de acordo com o nível de "necessidade de saber" para minimizar a probabilidade de gerenciamento inadequado de dados ou aquisição de conta por múltiplos funcionários superprivilegiados.

A segunda ameaça diz respeito a Interfaces e APIs inseguras. Com o crescente uso de APIs e microsserviços, é fundamental verificar constantemente possíveis vulnerabilidades decorrentes de configurações incorretas, práticas de codificação inadequadas, falta de autenticação e autorização inadequada. Esses descuidos podem deixar as interfaces vulneráveis a atividades maliciosas, tornando-se um risco para a segurança da informação.

Na terceira, configuração incorreta e controle inadequado de alterações podem deixar os ambientes vulneráveis a danos não intencionais ou atividades maliciosas externas ou internas. A falta de conhecimento do sistema ou compreensão das configurações de segurança, bem como intenções maliciosas, podem resultar em configurações incorretas.

É fundamental que as organizações adotem uma abordagem de defesa em camadas para mitigar essas ameaças e proteger seus dados sensíveis.

Além disso, a inteligência artificial (IA) e o aprendizado de máquina (ML) estão sendo cada vez mais utilizados em segurança cibernética. Embora essas tecnologias possam ser usadas para detectar ameaças cibernéticas e fortalecer a segurança, elas também apresentam riscos, como a possibilidade de serem exploradas por atacantes para criar novas formas de ameaças cibernéticas.

Para enfrentar esses desafios contemporâneos de segurança cibernética, é essencial que as empresas e indivíduos estejam cientes das ameaças cibernéticas em constante evolução e implementem medidas de segurança adequadas, como autenticação multifator, criptografia, monitoramento de rede e planos de resposta a incidentes. As empresas devem implementar políticas de segurança cibernética robustas e estar preparadas para lidar com ataques cibernéticos. As organizações de segurança cibernética também precisam estar cientes das últimas tendências em tecnologia e ameaças cibernéticas para desenvolver soluções eficazes de segurança cibernética.

4.2. Organizações e as Ameaças Cibernéticas em Constante Evolução

Compreender as diferentes categorias de ameaças é essencial para entender os riscos de segurança cibernética que as organizações enfrentam atualmente. Uma dessas categorias são as ameaças humanas, conduzidas por threat actors (ou agentes de ameaça), que são indivíduos ou grupos que realizam atividades maliciosas na internet com o objetivo de causar danos a sistemas, dispositivos ou informações de uma organização ou indivíduo. Eles podem ser hackers, crackers, cibercriminosos, ciberterroristas, governos ou empresas com interesses maliciosos, entre outros. Esses atores podem ser motivados por razões financeiras, políticas, ideológicas ou simplesmente pelo prazer de causar danos. O termo "threat actors" é comumente utilizado em cibersegurança para descrever os responsáveis por ataques cibernéticos e outras atividades maliciosas.

Uma das formas mais comuns de ataque humano é a engenharia social, uma técnica de manipulação psicológica usada por ameaças humanas para enganar usuários e obter acesso não autorizado a informações ou sistemas. Os ataques de engenharia social podem ser realizados por meio de várias formas, como e-mails falsos, phishing, pretexting, entre outros.

Os cibercriminosos utilizam a engenharia social para se passarem por entidades confiáveis, como instituições financeiras, provedores de serviços de internet, empresas e até mesmo amigos ou familiares. Eles usam informações falsas, oferecem benefícios ou ameaçam as vítimas para induzi-las a fornecer informações confidenciais, como senhas, dados bancários e informações pessoais. A engenharia social é um dos métodos mais eficazes de ataque cibernético, pois explora a vulnerabilidade humana.

Vale ressaltar que nem todas as ameaças humanas são intencionais, e que incidentes de segurança podem acontecer por falta de conhecimento ou até mesmo desatenção. Por isso, é importante que as pessoas estejam sempre atentas e conscientes dos riscos e das medidas de segurança a serem tomadas.

Portanto, é importante que as empresas invistam não só em tecnologias de segurança, mas também em treinamentos e conscientização para os funcionários. A educação em segurança cibernética deve incluir tópicos como senhas seguras, proteção de dados pessoais, identificação de ameaças, reconhecimento de phishing e práticas seguras de navegação na internet. Com um programa abrangente de segurança cibernética, as empresas podem reduzir o risco de ameaças humanas e proteger melhor seus dados e sistemas críticos.

Outra categoria importante de ameaças são as ameaças tecnológicas, que incluem malware, ransomware, explorações de vulnerabilidades, ataque de negação de serviço distribuído (DDoS) e outras táticas usadas por agentes de ameaças para explorar vulnerabilidades em sistemas e redes de computadores. Essas ameaças tecnológicas são particularmente perigosas, pois podem se espalhar rapidamente e causar danos significativos a uma organização.

Atualmente, a violação de segurança para fins ilícitos se tornou um grande modelo de negócio. Os agentes de ameaça têm acesso a diversas plataformas que lhes permitem executar ações maliciosas contra ambientes. Ambientes em nuvem estão disponíveis para serem "alugados" pelos infratores, que criam seus malwares para executar suas ações. Malwares como serviço, ou simplesmente MaaS – Malware as a Service, têm se popularizado cada vez mais, com grupos de criminosos vendendo seus códigos para outras pessoas e expandindo suas atuações rompendo as fronteiras internacionais. O termo, que existe há muitos anos, tem sido utilizado com frequência após o aumento dos ataques via ransomware e Remote Access Trojan (RAT), que são programas maliciosos que acessam remotamente aparelhos como celulares, computadores e sistemas.

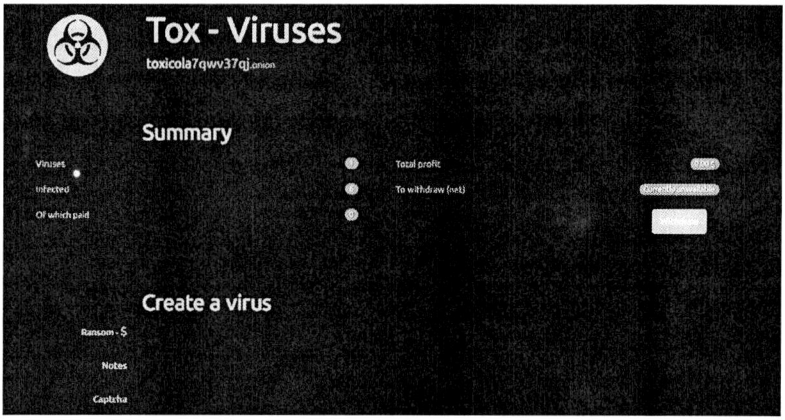

Figura 4.5 - Exemplo da tela de um tipo de MaaS que cria ransomware, o TOX-viruses.

As ameaças políticas também são uma preocupação crescente, especialmente para organizações que operam em setores críticos, como governos, militares e infraestrutura crítica. Essas ameaças podem incluir ataques de estado-nação, espionagem cibernética, guerra cibernética e outras táticas usadas por estados--nação para obter informações ou prejudicar as operações de outra nação ou organização.

As ameaças naturais, como terremotos, incêndios, inundações e outros desastres naturais, também podem afetar a segurança cibernética, causando interrupções na rede, perda de dados e outros problemas. Embora essas ameaças não sejam causadas por humanos, elas ainda podem ser prejudiciais e devem ser levadas em consideração ao criar um plano de segurança cibernética.

Por fim, existem também ameaças financeiras, que envolvem crimes financeiros, como fraude de cartão de crédito, roubo de identidade e outras formas de roubo de dados financeiros. Essas ameaças podem causar grandes prejuízos financeiros e devem ser levadas a sério pelas organizações.

Grandes corporações e países frequentemente sofrem ataques geralmente mais sofisticados, isso devido a suas informações valiosas e imagem, e com isso o investimento em segurança cibernética é grande. Devido ao nível de trabalho necessário para realizar esses ataques, os grupos de criminosos usam técnicas de invasão contínuas, clandestinas e sofisticadas para obter acesso a um sistema e permanecer dentro dele por um período prolongado, com consequências potencialmente destrutivas. Este tipo específico de ataque complexo chama-se Ameaça Avançada Persistente, ou APT (Advanced Persistent Threat).

Os ataques APT geralmente começam com a engenharia social para obter acesso inicial aos sistemas da organização, como um funcionário que clica em um link malicioso em um e-mail falso. Em seguida, os agentes de ameaças usam uma combinação de técnicas de ataque, como malware personalizado, exploração de vulnerabilidades e roubo de credenciais para obter acesso a informações sensíveis ou sistemas críticos.

Por causa da sua natureza persistente e altamente sofisticada, os ataques APT são uma das ameaças mais difíceis de serem detectadas e mitigadas. Os ataques APT geralmente são executados por agentes de ameaças altamente qualificados e financiados, como governos estrangeiros, grupos criminosos organizados ou hackers patrocinados pelo Estado. Os grupos APT têm se posicionado como uma das ameaças com maior nível de criticidade, possuindo capacidades de ação e infecção aumentadas e mantendo um processo constante de atualização de suas Táticas, Técnicas e Procedimentos (TTP).

A segurança cibernética é um assunto cada vez mais relevante para as empresas, e a compreensão das diferentes categorias de ameaças é fundamental para garantir a proteção adequada contra ataques cibernéticos. No entanto, não basta apenas identificar as ameaças: é preciso ter uma estratégia eficaz de Cyber Threat Intelligence[6] para acompanhar e neutralizar os agentes de ameaças antes que possam causar danos à organização.

Investir em equipes de Cyber Threat Intelligence permite que as empresas monitorem constantemente as atividades suspeitas e identifiquem possíveis ameaças, permitindo a tomada de medidas proativas para evitar ataques cibernéticos. Isso também permite que a empresa se antecipe a novos métodos de ataque, mantendo-se atualizada com as últimas tendências e ameaças emergentes.

Em resumo, a compreensão das diferentes categorias de ameaças é apenas o primeiro passo para a proteção adequada contra ataques cibernéticos. Investir em Cyber Threat Intelligence é essencial para uma organização tentar lidar com as ameaças antes mesmo que elas possam causar danos. É importante lembrar que, além dos agentes de ameaças intencionais, muitos incidentes de segurança ocorrem devido a erros humanos ou falta de conhecimento, destacando a importância da educação e conscientização em segurança cibernética em toda a organização.

Controles nos meios para evitar os fins nos ataques: Um panorama sobre as principais vulnerabilidades cibernéticas

As vulnerabilidades são falhas ou fraquezas em sistemas ou aplicações que podem ser exploradas por agentes de ameaças para causar danos ou comprometer informações sensíveis. Elas são uma parte inevitável da vida em um mundo cada vez mais conectado, e sempre estarão presentes em nossos ambientes digitais. Por mais que empresas e organizações adotem práticas sólidas de segurança cibernética, sempre haverá o risco de novas vulnerabilidades serem descobertas e exploradas.

---

6 Cyber Threat Intelligence, ou inteligência de ameaças cibernéticas é conhecimento, habilidades e informações baseadas em experiência sobre a ocorrência e avaliação de ameaças cibernéticas e físicas e agentes de ameaças que se destinam a ajudar a mitigar ataques potenciais e eventos prejudiciais que ocorrem no ciberespaço.

Descobrir os possíveis caminhos em que um agente de ameaça poderá utilizar para explorar um ambiente é um desafio diário do responsável pela segurança de um ambiente. O vetor de ataque (ou Attack vector) é um termo utilizado na segurança da informação para descrever o caminho ou método pelo qual um atacante pode explorar uma vulnerabilidade ou falha em um sistema ou rede. O attack vector pode ser um software malicioso, uma técnica de engenharia social, uma vulnerabilidade de software, entre outros. É importante identificar e entender os attack vectors em um ambiente de segurança para implementar medidas de proteção adequadas e minimizar os riscos de ataques.

Para lidar com esse risco constante, é fundamental que as organizações criem processos robustos para identificar, avaliar e gerenciar as vulnerabilidades em seus sistemas e aplicações. Uma estratégia efetiva deve incluir a adoção de tecnologias avançadas que possam detectar vulnerabilidades conhecidas, também conhecidas como CVE[7] (Common Vulnerabilities and Exposures), que são falhas documentadas e divulgadas publicamente. Assim, é possível realizar ações proativas para remediar ou mitigar os riscos antes que sejam explorados pelos agentes de ameaças.

A ideia das CVEs começou em 1999, quando a equipe de segurança da informação do instituto de pesquisa sem fins lucrativos MITRE Corporation percebeu que muitas vulnerabilidades estavam sendo identificadas e nomeadas de maneiras diferentes por diferentes fabricantes de software, tornando difícil para os profissionais de segurança acompanhar e priorizar quais correções aplicar.

Para resolver esse problema, o MITRE criou o projeto CVE, que consiste em uma lista pública de vulnerabilidades de segurança de software conhecidas e expostas, cada uma com um identificador exclusivo (CVE-ID) e uma descrição de como ela funciona. Essa lista permite que os fabricantes de software, profissionais de segurança e usuários finais possam identificar vulnerabilidades de maneira padronizada e compartilhar informações sobre como corrigi-las. Desde então, o projeto

7 Site oficial Mitre: https://cve.mitre.org/

CVE se tornou um recurso vital para a comunidade de segurança cibernética, ajudando a melhorar a segurança em todo o mundo. A Figura a seguir apresenta o crescimento histórico do número de CVEs nos últimos anos.

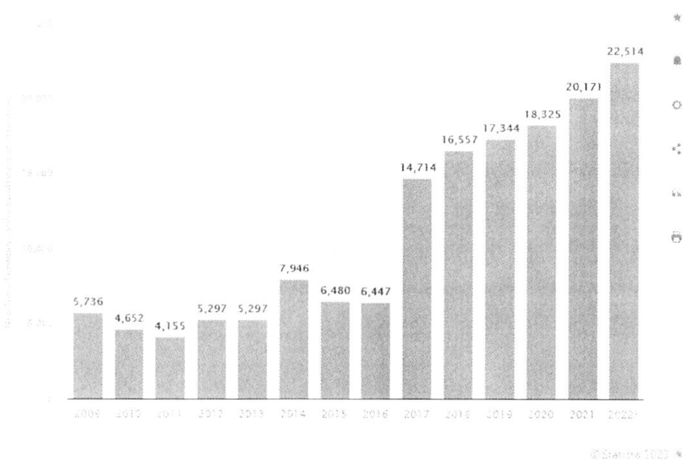

Figura 4.6 - Number of common IT security vulnerabilities and exposures (CVEs) worldwide from 2009 to 2022. Fonte: Statista.

4.3. Considerações Finais

Gerenciar vulnerabilidades em ambientes computacionais é uma tarefa importante para manter a segurança da informação nas organizações. Existem diversas abordagens e tecnologias para ajudar nesse processo. A seguir, vamos explorar algumas das formas mais comuns de gerenciar vulnerabilidades.

Uma das tecnologias sofisticadas para gerenciar vulnerabilidades atualmente é o SIEM (Security Information and Event Management). O SIEM é uma plataforma que coleta e analisa informações de segurança de diferentes fontes, como logs de eventos, informações de vulnerabilidades, entre outras. Com o SIEM, é possível monitorar continuamente o ambiente de TI da organização em busca de ameaças e vulnerabilidades. O sistema também pode emitir alertas quando uma vulnerabilidade é detectada, permitindo que os profissionais de segurança possam tomar medidas para corrigir a falha.

Outra forma de gerenciar vulnerabilidades é através da implementação de uma política/programa de gerenciamento de vulnerabilidades. Esses programas geralmente incluem uma combinação de tecnologias e processos para identificar, avaliar e priorizar vulnerabilidades em todo o ambiente de TI. As avaliações de vulnerabilidade podem ser realizadas manualmente ou com o uso de ferramentas automatizadas. Com base nos resultados, as vulnerabilidades são priorizadas de acordo com sua criticidade e impacto no ambiente de TI. As equipes de segurança podem então corrigir as vulnerabilidades de acordo com sua prioridade.

Muitas organizações também utilizam plataformas de gerenciamento de patches para gerenciar vulnerabilidades. Essas plataformas ajudam a automatizar o processo de atualização de software e patches de segurança. Com o uso dessas plataformas, os patches de segurança são implantados de forma mais rápida e consistente em toda a organização, reduzindo o risco de exploração de vulnerabilidades.

Outra prática importante para gerenciar vulnerabilidades é a realização de um teste de penetração (pentest) pelo menos uma vez ao ano. Diferentemente de uma simples análise de vulnerabilidades, o pentest é um teste mais completo que simula um ataque real, procurando explorar brechas de segurança para acessar sistemas e dados sensíveis. O resultado do pentest fornece informações detalhadas sobre as vulnerabilidades presentes no ambiente, permitindo que as equipes de segurança tomem medidas proativas para corrigi-las e fortalecer a segurança da organização.

Investir em uma equipe de segurança dedicada e qualificada, que possa monitorar constantemente os sistemas em busca de novas vulnerabilidades e aplicar os patches e atualizações necessárias, é essencial para proteger a organização contra ameaças cibernéticas. Ao implementar processos sólidos e tecnologias de ponta, as empresas podem reduzir o risco de ataques bem-sucedidos e manter suas informações e sistemas seguros e protegidos contra os mais diversos tipos de ameaças.

Referências Bibliográficas

Allianz Risk Barometer 2023. Disponível em: https://www.agcs.allianz.com/content/dam/onemarketing/agcs/agcs/reports/Allianz-Risk-Barometer-2023.pdf. Acesso em 24 de fevereiro de 2023.

Relatório OT/IoT Security Report. Cyber War Insights, Threats and Trends, Recommendations. Disponível em: https://www.nozominetworks.com/downloads/Nozomi-Networks-OT-IoT-Security-Report-2022-1H.pdf. Acesso em 24 de fevereiro de 2023.

Payment Card Industry – Data Security Standard. Site oficial: https://www.pcisecuritystandards.org

Relatório Top Threats to Cloud Computing. Disponível em: https://assets.extrahop.com/pdfs/analyst-reports/top-threats-to-cloud-computing-pandemic-eleven.pdf. Acesso em 24 de fevereiro de 2023.
Site oficial Mitre: https://cve.mitre.org/

5

Gestão de Projetos e Agilidade

Fábio Freitas dos Santos
Universidade Cruzeiro do Sul
professor.ti.fabiofreitas@gmail.com

Resumo

A gestão de projetos tradicional consiste na entrega do produto final após a conclusão de todas as etapas, sendo ideal para projetos com requisitos bem definidos. A passo que a gestão ágil envolve planejamento iterativo, adaptação às mudanças e entregas incrementais, sendo mais adequada para projetos com requisitos incertos ou em constante mudança. Todo projeto tem que ser cuidadosamente planejado desde sua concepção mesmo sendo na fase em que ainda é tratado como possibilidade.

Palavras-chaves:

Gestão de Projetos; Metodologia Tradicional; Agilidade; Planejamento.

5.1. Introdução

De acordo com as definições do PMBOK, um projeto é um esforço temporário empreendido para criar um produto, serviço ou resultado exclusivo. Em outras palavras, um projeto tem um resultado único e pode ser realizado por uma equipe ou um gerente ou coordenador de projetos devidamente capacitado.

Por outro lado um projeto necessita de vários aspectos dentro de uma organização como: equipe treinada, documentação, planejamento, comunicação e monitoramento. Conceitos que ao longo deste capítulo serão explicados e dados exemplos práticos.

Portanto, o ciclo de vida de um projeto trata-se de uma divisão da gestão do projeto em fases pelas quais ele deve passar do início ao término. A cada período que corresponda a uma fase, o projeto pode sofrer adição e alterações significativas que ditarão o ritmo das atividades que devem ser desenvolvidas.

Durante a fase de iniciação, o objetivo ou necessidade do projeto é identificado. Isso pode ser um problema ou oportunidade comercial. Uma resposta apropriada à necessidade é documentada em um caso de negócios com as opções de solução recomendadas.

A etapa de organização e preparação envolve a definição de uma metodologia de **Gestão de Projetos** a ser utilizada. Na prática, isso significa escolher as melhores estratégias tendo em vista os recursos mobilizados e os objetivos que devem ser perseguidos, juntamente com a estratégia para produzi-los. Isso também é referido como "gerenciamento de escopo".

Um plano de projeto é elaborado com atividades, tarefas, dependências e prazos. O gerente do projeto coordena a preparação do orçamento, incluindo custos de mão de obra, equipamentos e materiais. O orçamento é usado para controlar os gastos durante a implementação. Com a identificação do trabalho, cronograma e estimativas de custos, o processo de planejamento é concluído. Na gestão de riscos, problemas potenciais são identificados e ações são planejadas para reduzir impactos negativos. Neste ponto, o projeto já está planejado em detalhes e está pronto para ser executado. Esta fase termina, normalmente, com a elaboração do Termo de Abertura do Projeto.

Durante a terceira fase do ciclo da vida de um projeto, o plano do projeto é posto em movimento e o trabalho do projeto é executado. É importante manter o controle e se comunicar conforme necessário durante a implementação. O progresso é continuamente monitorado e os ajustes adequados são feitos e registrados como variações do plano original. Em qualquer projeto, um gerente de projeto gasta a maior parte do tempo nesta etapa.

Durante a implementação do projeto, as pessoas estão realizando as tarefas e as informações de progresso estão sendo relatadas através de reuniões regulares da equipe. O encerramento de uma fase acontece com a entrega do produto do trabalho desenvolvido até o momento.

No ciclo de vida de um projeto, cada uma dessas entregas — as quais representam o encerramento de uma fase — precisa ser aceita e avaliada pelo cliente ou por quem dará continuidade aos trabalhos no momento seguinte.

Nas empresas atualmente, são frequentes as mudanças na forma de planejar e da gestão de projetos, sempre na busca de melhores práticas e competitividade de mercado. Esta inovação pauta melhorias em seus processos de gestão, organização e resultados, perante a necessidade de sobrevivência empresarial e diferenciação num mercado cada vez mais competitivo e globalizado. O setor da construção tem tido atualmente uma inovadora adoção quanto as ferramentas digitais, na aplicação da produção. (PEREIRA e AZEVEDO, 2020).Segundo Alcântara (2016), uma gestão inadequada na área de compras de insumos e equipamentos, resulta em prejuízos devido à falta de sincronismo com a produção e serviços, gerando tempos de espera, tais como paralisações produtivas.

5.2. Referencial Teórico

Mais importante do que entender o conceito que envolve os processos de monitoramento e controle, é saber como tirar proveito dessa etapa na prática. Alguns exemplos usuais, de acordo com a restrição controlada, são:

Escopo: o monitoramento e controle do escopo, na maioria dos casos, é realizado através da EAP – Estrutura Analítica do Projeto, que permite verificar tudo aquilo que deve ser executado, evitando que se faça mais ou menos do que o esperado pelo cliente.

Prazo: a forma mais usual de controle do prazo é o acompanhamento do cronograma, que permite a identificação de atrasos e folgas, a verificação das próximas atividades a serem realizadas e o replanejamento com base na realidade do projeto.

Custos: o controle de custos está diretamente ligado ao cumprimento do orçamento do projeto. Além de fornecer a estimativa de gastos totais, na maioria dos casos, ele contém todos os valores que foram considerados para as atividades e os índices de produtividade. Sendo assim, sua análise e comparação com os valores desembolsados na prática permite a identificação de "estouros" em tarefas e de oportunidades de economia, visando atender ao custo planejado.

Qualidade: o controle da qualidade depende muito da organização responsável e do próprio projeto. Em primeiro lugar, é preciso ter em mente os critérios de aceitação do cliente, que envolvem seguir um manual descritivo ou condições contratuais específicas, além de, geralmente, haver um prazo mínimo de garantia de desempenho associado ao produto ou serviço entregue.

Risco: o controle de riscos envolve buscar a mitigação das incertezas que podem trazer algum tipo de dano ao projeto ou ao cumprimento de seus objetivos. Sendo assim, normalmente estabelece-se um nível considerado aceitável de risco e o mesmo é utilizado para todo tipo de tomada de decisão que possa de alguma forma afetar os resultados esperados.

No universo do gerenciamento de projetos dificilmente as coisas saem conforme o esperado sem a intervenção do gerente. Imprevistos acontecem e a questão não é eliminá-los, mas encontrar caminhos que permitam prevê-los ou identificá-los e minimizar seus efeitos.

O termo de abertura do projeto (TAP) é um documento que formaliza o início de um projeto, confere autoridade ao gerente de projeto e agrupa todas as informações necessárias para a execução das atividades envolvidas.

Geralmente, o termo de abertura do projeto (também chamado de *Project Charter*) contém os seguintes dados: título do projeto, gerente de projeto responsável, justificativa do projeto, objetivos e metas do projeto, descrição do projeto, premissas do projeto, restrições do projeto, principais stakeholders do projeto, riscos do projeto, marcos do projeto, custo e prazo estimados.

O papel do gerente de projetos exige responsabilidade e autoridade dentro da organização. Para que isso aconteça, é fundamental que o gerente seja nomeado pelo(s) patrocinador(es) do projeto, garantindo que é o responsável pela execução das atividades e terá autoridade para empregar os recursos organizacionais (isto é, recursos humanos, financeiros e materiais) nessas atividades.

Pode não parecer, mas a presença da justificativa no projeto faz toda a diferença. Na priorização dos projetos, por exemplo, a justificativa vai funcionar como um termômetro para indicar quais projetos devem ser feitos primeiro e quais podem esperar mais um pouco.

As restrições e premissas, como você vai ver em breve, são aspectos importantes que devem ser considerados antes e durante o planejamento das etapas do projeto. Detalhes como os limites de custo do projeto, a disponibilidade de trabalho dos envolvidos e até mesmo as condições climáticas podem ser decisivos para o sucesso do projeto.

Uma maneira de evitar o retrabalho em projetos é elaborando um termo de abertura do projeto que considere todos os requisitos exigidos pelos stakeholders de forma clara e precisa.

Para desenvolver um termo de abertura do projeto, com a facilidade de acesso às tecnologias, hoje temos várias formas de criar e acessar documentos.

O *brainstorming* consiste em uma sessão de criação de ideias em grupo. Geralmente, é conduzida pelo gerente do projeto, e o principal objetivo desse método é gerar uma grande lista de ideias que serão, posteriormente, analisadas, aprovadas ou rejeitadas.

Depois de coletar todas as informações necessárias, você precisará documentá-las. Como mencionamos no começo deste post, existem alguns itens que devem estar presentes no termo de abertura do projeto. Vamos entender o que deve constar em cada um:

Gerente de projeto responsável Como o termo de abertura do projeto é um documento, é importante deixar registrado quem é o gerente de projeto responsável por ele, bem como sua assinatura.

5.3. Justificativa do projeto

A justificativa do projeto deve deixar claro quais são as razões que motivam aquele esforço, isto é, qual problema o projeto pretende solucionar.

Como vantagens da metodologia tradicional, podemos destacar: (i) maior clareza e planejamento detalhado: a metodologia tradicional se destaca pela clareza e pelo planejamento detalhado desde o início do projeto. Isso proporciona uma visão abrangente do escopo, prazos, custos e recursos necessários para a conclusão do projeto; (ii) maior controle e previsibilidade: a metodologia tradicional oferece um alto grau de controle e previsibilidade sobre o andamento do projeto. Isso se deve à estrutura sequencial das etapas, que define um fluxo de trabalho claro e organizado.

A Estrutura Analítica do Projeto (EAP) é o processo de divisão hierárquica de todo o escopo do trabalho a ser executado. Alternativamente, também pode ser definido como a divisão das entregas do projeto em componentes menores e mais acessíveis. A principal vantagem desse processo é que ele proporciona uma visão estruturada e organizada das etapas para atingir o objetivo principal (PMBOK, 2013).

Mattos (2010) lista alguns dos benefícios que a criação de uma EAP pode trazer para um projeto, principalmente em ordenar o pensamento e criar uma matriz de trabalho lógica e organizada. Mas existem outros benefícios relacionados com a utilização da EAP, tais como: – Agrupar as atividades em famílias relacionadas; – Detalhamento do pacote de trabalho; – A utilização de atividades mais precisas e específicas; – Poder atribuir códigos de controle usados para alocação de custos; – Evita que atividades sejam criadas duas vezes.

5.4. Estimativa de custos

A estimativa de custos é a prática de prever os custos associados à conclusão de um projeto de um determinado escopo.

Este é um elemento-chave do gerenciamento de custos do projeto, uma área especializada que envolve planejamento, monitoramento e controle dos custos financeiros de um projeto. Os estimadores profissionais utilizam métodos específicos para gerar estimativas de custos que são utilizadas para avaliar a viabilidade financeira, os custos orçamentais e monitorizar as despesas do projeto.

Estimativas precisas de custos são essenciais para tomar decisões sobre o início do projeto, determinar o escopo potencial do projeto e garantir que o projeto seja financeiramente viável e evite custos excessivos. As estimativas de custos são revisadas e atualizadas à medida que o escopo do projeto se torna mais preciso e os riscos do projeto são identificados.

Conforme explicado no *Project Management Body of Knowledge* (PMBOK, 2013), o custeio é um processo iterativo. As estimativas de custos também podem ser usadas para fornecer uma linha de base dos custos do projeto, um ponto de comparação baseado em eventos para medir o desempenho real dos custos de um projeto.

Os custos diretos são geralmente classificados como custos diretamente relacionados a uma área (por exemplo, departamento ou projeto). No gerenciamento de projetos, os custos diretos são custos incorridos apenas em um projeto específico. Isto pode incluir custos gastos com salários da equipe do projeto, custos de recursos para produzir o produto real, equipamentos.

5.5. Valores do Manifesto Ágil

Essa previsibilidade facilita o acompanhamento do progresso, a identificação de desvios e a tomada de medidas corretivas quando necessário.

5.6. Agilidade da Metodologia Ágil

O Manifesto Ágil é uma declaração de princípios que fundamentam o desenvolvimento ágil de software. Foi escrito em 2001 por 17 profissionais de software independentes que se reuniram em Snowbird, Utah, nos Estados Unidos.

Nossa maior prioridade é satisfazer o cliente através da entrega contínua e precoce de software com valor agregado. Aceitar mudanças nos requisitos, mesmo no final do desenvolvimento. Processos ágeis exploram as mudanças para vantagem competitiva do cliente.

Entregar software funcionando com frequência, de algumas semanas a alguns meses, com preferência aos ciclos mais curtos. Pessoas de negócios e desenvolvedores devem trabalhar juntos diariamente ao longo do projeto.

Construa projetos em torno de indivíduos motivados. Dê a eles o ambiente e o suporte necessários e confie neles para fazer o trabalho. O método mais eficiente e eficaz de transmitir informações para dentro de uma equipe de desenvolvimento é através de conversação face a face.

Software funcionando é a principal medida de progresso. Os processos ágeis promovem o desenvolvimento sustentável. Os patrocinadores, desenvolvedores e usuários devem ser capazes de manter indefinidamente um ritmo constante.

A atenção contínua à excelência técnica e ao bom design aumenta a agilidade. A simplicidade é a arte de maximizar a quantidade de trabalho não feito – sendo essencial.

As melhores arquiteturas, requisitos e designs emergem de equipes auto-organizáveis. Em intervalos regulares, a equipe reflete sobre como se tornar mais eficaz e então ajusta e aperfeiçoa seu comportamento de acordo.

Entre as principais diferenças nas metodologias ágeis e tradicionais, temos:

5.7. Com relação à Abordagem

Metodologias Ágeis: valorizam flexibilidade, adaptabilidade e entregas incrementais, com foco no cliente e feedback constante.

Metodologias Tradicionais: priorizam planejamento detalhado, estrutura sequencial e controle rígido, com foco na entrega final completa.

5.8. Case Prático

Um projeto de construção civil, como a edificação de um prédio residencial, é um excelente exemplo da aplicação da gestão de projetos tradicional. A natureza sequencial e previsível de muitas etapas da construção torna essa metodologia bastante adequada.

Abaixo elencamos fases típicas de um projeto de construção civil e sua representação gráfica:

5.9. Planejamento

Definição do escopo: O que será construído? Quantos andares? Quantos apartamentos? Quais as especificações técnicas?

Criação do cronograma: Um gráfico de Gantt pode ser utilizado para visualizar as atividades e seus prazos, como a figura abaixo:

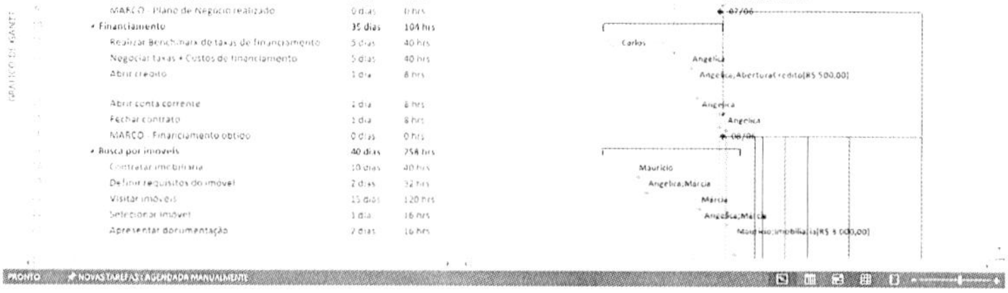

Figura 5.1 - Diagrama de Gantt para um projeto de construção. Fonte: https://gemini.google.com

Orçamento: Definição dos custos de materiais, mão de obra e equipamentos.

Escolha dos fornecedores: Seleção das empresas que fornecerão os materiais e serviços necessários.

Projeto

Projeto arquitetônico: Criação dos desenhos técnicos da edificação.
Projeto estrutural: Cálculo das estruturas e definição dos materiais a serem utilizados.
Projeto elétrico e hidráulico: Definição da instalação elétrica e hidráulica do prédio.

Licenciamento

Obtenção de alvarás: Obtenção das licenças necessárias para a construção.

Execução

Preparação do terreno: Limpeza do terreno, escavação e terraplanagem.
Fundação: Construção da base do edifício.
Estrutura: Construção das paredes, lajes e vigas.
Instalações: Instalação elétrica, hidráulica e outros sistemas.
Acabamento: Pintura, revestimentos, instalação de portas e janelas.

Entrega

Inspeção final: Verificação de todos os itens construídos.
Entrega das chaves: Entrega do imóvel aos proprietários.

Antecipar ações e tarefas é a essência do planejamento com o intuito de atingir os objetivos com satisfação, controle e agilidade. Conforme apontado por Mattos (2010), as falhas no planejamento e controle estão entre as causas fundamentais da baixa produtividade no setor da construção civil. Assim, fica evidente que o planejamento não é essencial apenas para a criação de projetos, mas também para o controle de variáveis críticas, como custos e tempo de serviço, e para garantir agilidade nos processos decisivos.

Para elaboração de um planejamento é importante seguir um roteiro. Conforme expõe Mattos (2010), esse plano pode ser dividido nas etapas de identificação das atividades, definição das durações, especificação de precedências, montagem do diagrama de rede, identificação do caminho crítico e geração do cronograma de cálculo das folgas.

5.10. Outros Gráficos Úteis em Projetos de Construção:

Diagrama de Rede: Mostra a sequência das atividades e as dependências entre elas.

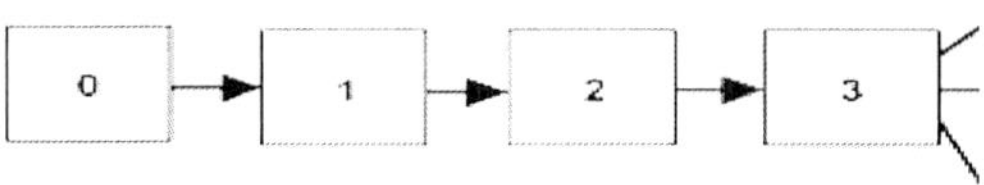

Figura 5.2 - Diagrama de rede para um projeto de construção. Fonte: https://gemini.google.com

Curva S: Representa o progresso físico e financeiro do projeto ao longo do tempo.

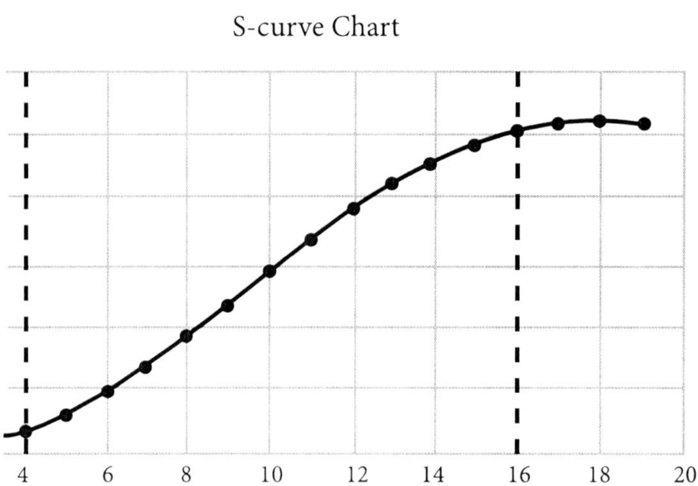

Figura 5.3 - Curvatura para um projeto de construção. Fonte: https://gemini.google.com

Histograma: Mostra a distribuição dos recursos ao longo do tempo.

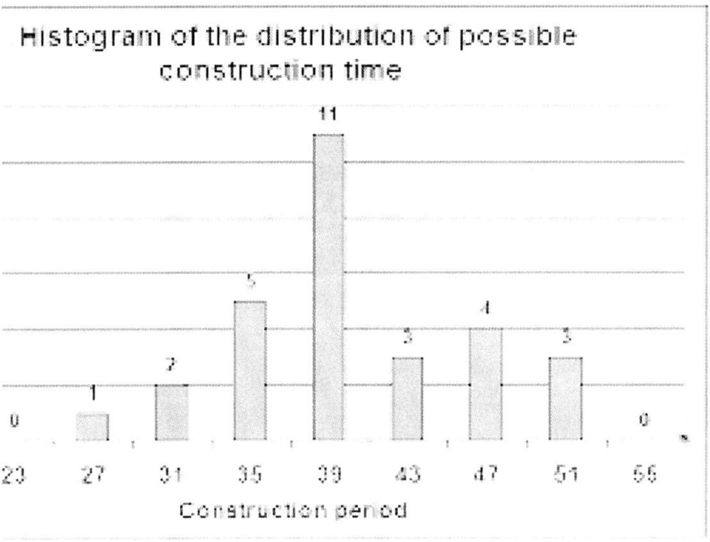

Figura 5.4 - Histograma para a construção do projeto. *Fonte: https://gemini.google.com*

5.11. Por que a Gestão Tradicional Funciona Bem na Construção Civil?

Previsibilidade: Muitas etapas da construção são padronizadas e previsíveis.
Tangibilidade: É fácil visualizar o progresso físico do projeto.
Contratos detalhados: Os contratos entre os envolvidos são geralmente muito detalhados.

Limitações da Gestão Tradicional na Construção Civil:

Dificuldade em lidar com mudanças: Alterações no projeto podem gerar atrasos e custos adicionais.

Falta de flexibilidade: A rigidez do planejamento pode dificultar a adaptação a imprevistos.

Os projetos variam em complexidade e finalidade, mas todos visam reduzir riscos e custos, fazer melhor uso dos recursos e aumentar a previsibilidade. Com prazos cada vez mais apertados e exigências crescentes, é necessária uma abordagem mais holística para desenvolver projetos de capital e implementá-los de uma forma que cumpra os pontos acima.

5.12. Considerações Finais

A escolha entre gestão ágil e gestão tradicional depende do contexto e das características do seu projeto. Aqui estão algumas orientações para ajudá-lo a decidir qual abordagem é mais adequada para o seu caso: (i) utilize a gestão tradicional se o escopo do projeto for bem definido, houver baixa incerteza e for possível reutilizar planos de projetos anteriores; (ii) escolha a gestão ágil se o escopo do projeto for indefinido, houver alta incerteza e mudanças frequentes forem esperadas; (iii) pense na possibilidade da gestão híbrida se o seu projeto tiver características de ambas as abordagens. Você pode combinar elementos da gestão ágil e da gestão tradicional para obter os melhores resultados.

Lembrando de que não existe uma abordagem correta ou errada, e a escolha deve ser feita com base nas necessidades específicas do seu projeto. Não há melhor opção, quando se trata de gestão de projetos, a que se adequa de forma clara aos anseios do dono do produto, em outras palavras, o importante é existir uma forma de gerir o projeto dentro de suas características.

Uma das principais vantagens da gestão tradicional é a capacidade de ter um controle rigoroso sobre o projeto. O planejamento detalhado permite que as atividades sejam executadas de forma ordenada, garantindo que todas as etapas sejam concluídas conforme o planejado.

Ao passo que as principais características da gestão ágil é o uso de ciclos curtos de trabalho, conhecidos como sprints. Cada sprint tem uma duração fixa e, ao final de cada ciclo, uma entrega parcial do projeto é feita. Isso permite que os stakeholders tenham visibilidade do progresso do projeto em um curto espaço de tempo e possam fornecer feedback contínuo.

Por este motivo que ao verificar qual é o melhor método de gerenciamento para o projeto que irá atuar avalie todos os prós e contras das duas formas aqui estudadas e muitas vezes a melhor saída pode ser um modelo híbrido, onde as melhores práticas de cada tipo de gerenciamento devem ser levadas em consideração.

Referências Bibliográficas

CARVALHO, M.M RABCHINI, R. Construindo competências para gerenciar projetos – teoria e casos. São Paulo: Ed. Atlas, 2006.

VALLE, A. SOARES, C.A.; FINOCCHIO, J. SILVA, L. Fundamentos do Gerenciamento de Projetos, Rio de Janeiro: FGV Editora, 2010.

MANIFESTO AGIL. Disponível em: http://www.manifestoagil.com.br/principios.html. Último acesso: 30/08/2024.

MARTINS, J. Técnicas Para Gerenciamento de Projetos de Software. Rio de Janeiro: Brasport, 2007.

JIQUIRIÇA, M. C. R. (2024). O Impacto da Tecnologia BIM na Otimização do Planejamento e Gestão de Projetos de Construção. *Revista Ibero-Americana de Humanidades, Ciências e Educação*, *10*(3), 688–699. https://doi.org/10.51891/rease.v10i3.13146

6

Indústria 4.0: Conceitos e Características

Arnaldo Jorge de Almeida Junior
Formado em Ciência da Computação
Mestre em Engenharia Elétrica e Especialista em Gestão da Inovação pela UNICAMP.

Resumo

Vivemos um período crucial da história, no qual somos tanto testemunhas quanto protagonistas de transformações profundas e aceleradas. Essas mudanças, impulsionadas por avanços tecnológicos, ocorrem em uma velocidade sem precedentes, redefinindo todos os aspectos da vida moderna. A convergência tecnológica, que conecta o físico ao digital, está sendo vista como uma nova revolução industrial — a chamada Quarta Revolução Industrial. Neste cenário, sistemas físicos e virtuais interagem globalmente de maneira flexível, viabilizando soluções e casos de uso antes inimagináveis, e dando origem a novas cadeias de valor globais. Em essência, a Indústria 4.0 inaugura uma era digital que promete reformular as regras de produção, operações, força de trabalho e até mesmo os pilares da sociedade.

Palavras-chaves:

Revolução Industrial, Indústria 4.0, Automação, Inteligência Artificial (IA), Internet das Coisas (IoT), Big data.

6.1. Introdução

Somos contemporâneos, coadjuvantes e protagonistas de um importante momento da história, onde mudanças profundas e sistemáticas acontecem em alta velocidade, resultantes de convergências tecnológicas, com impactos e transformações em todos os níveis, e sobretudo em nossas vidas.

Estas transformações, impulsionadas pela evolução tecnológica, têm sido consideradas como uma nova revolução industrial - a quarta revolução industrial - onde os sistemas físicos e virtuais cooperam de forma global e flexível, permitindo uma nova gama de soluções e casos de uso nunca antes concebíveis, gerando novas cadeias globais de valor.

A "Indústria 4.0" é uma expressão alinhada à ideia de quarta revolução industrial, que foi introduzida em 2011 durante a feira de Hanover pela Industry-Science Research Alliance, para descrever a ampla integração da tecnologia da informação e de comunicação na produção industrial e suas mudanças em potencial.

Embora suas raízes estejam na manufatura, a Indústria 4.0 é mais do que simplesmente produção. Tecnologias inteligentes e conectadas podem transformar a forma como produtos são projetados, fabricados, usados e mantidos.

Em suma, a Indústria 4.0 inaugura uma realidade digital que pode alterar as regras de produção, operações, força de trabalho e até mesmo a sociedade.

Este capítulo, faz uma breve contextualização deste fenômeno, seus impulsionadores e suas possibilidades.

6.2. As Revoluções Industriais e suas Transformações

O que todas as revoluções industriais tiveram em comum é que elas foram impulsionadas por tecnologias inovadoras que geraram uma nova estrutura de produção, mais eficiente, eficaz e disruptiva.

A **primeira revolução industrial** ocorreu entre 1760 e 1850 na Inglaterra, onde ocorre a transição da força muscular para a energia mecânica e veio de mãos dadas com a introdução da máquina à vapor e sua capacidade de gerar energia mecânica utilizando o carvão como fonte de energia.

A **segunda revolução industrial** ocorreu quando, no final do século XIX, a eletricidade e o petróleo foram introduzidos como principais fontes de geração de energia. Anos depois, surgiu a cadeia produtiva e o conceito de divisão do trabalho em tarefas dando início à produção em massa.

A partir da década de 1950 começaram a ocorrer mudanças na tecnologia da informação e na eletrônica, permitindo a automação da produção, que poderia ser considerada a **terceira revolução industrial**.

As três primeiras revoluções industriais desencadearam alterações profundas, diretas e colaterais nas estruturas e sistemas econômicos, sociais e ambientais, em todos os níveis, transformando a relação do homem com o trabalho e o meio, com impactos de toda sorte. Estas alterações foram pontos de inflexão que ao mesmo tempo que geraram riqueza e aceleraram muitos processos, geraram novos desafios e problemas colaterais.

6.3. A Quarta Revolução Industrial

A quarta revolução industrial teve início na virada do século e se baseia na revolução digital. É caracterizada por uma internet mais ubíqua e móvel, por sensores menores e mais poderosos que se tornaram mais baratos e pela inteligência artificial.

Os impactos da quarta revolução industrial podem ser sentidos em vários níveis: em grandes ecossistemas, no nível organizacional e no nível individual:

Ecossistemas. Além da mudança na forma de atuação das empresas e na produção de bens, a quarta revolução industrial afeta todos os agentes do ecossistema (fornecedores, clientes, considerações regulatórias, investidores, terceiros...).

Organizações. A capacidade de ajustar e aprender com os dados em tempo real pode tornar as organizações mais responsivas, proativas e preditivas. Também permite que a organização reduza seus riscos de produtividade.

Indivíduos. A quarta revolução industrial pode significar coisas diferentes para todos. Para os funcionários pode significar uma mudança no trabalho que vão fazer, enquanto para os clientes pode significar mais customização de produtos e serviços que atendam melhor às suas necessidades.

6.4. A Industria 4.0

A "indústria 4.0" é uma alusão à quarta revolução industrial, termo que teve origem em 2011 em um projeto estratégico de alta tecnologia do Governo Alemão, que promoveu a avaliação da informatização da manufatura e a integração de dados. Desde então, o termo "Indústria 4.0" tem sido usado para descrever a ampla integração da tecnologia da informação e comunicação na indústria de produção.

A Indústria 4.0 de fato é um conceito global, e pode tomar muitas formas e nomes diferentes em todo o mundo. Nos Estados Unidos por exemplo, o foco tende a ser mais em uma evolução digital mais holística. Na Europa, onde o conceito se originou, a Indústria 4.0 tende a ser mais localizada na fábrica. Embora a terminologia possa diferir, o conceito geral permanece praticamente o mesmo, e abrange as mesmas tecnologias e aplicações.

No entanto, o termo às vezes é mal interpretado e foca apenas em uma perspectiva tecnológica. A verdadeira quarta revolução dar-se-á quando as empresas também transformarem a sua estrutura e cultura organizacional, onde no final se transformarão em empresas ágeis e de aprendizado, capazes de adaptação contínua a um ambiente em mudança. Nesse sentido, discute-se atualmente os estágios padrões de transformação de uma organização e modelos de maturidade para a Indústria 4.0 que estão sendo propostos.

6.5. Tecnologias Impulsionadoras da Indústria 4.0

A principal característica da Indústria 4.0 é a fusão de tecnologias digitais que fundamentalmente altera a estrutura dos negócios e que por sua vez as forças motoras das organizações. Isto se dá através de tecnologias convergentes que habilitam o acesso a dados e integração de informação de muitas fontes e origens diferentes, que são analisadas, decisões são tomadas e ações executadas no mundo físico em tempo real, em um fluxo cíclico e contínuo de informações e ações entre os mundos físico e digital.

Este fluxo ocorre por meio de uma série iterativa de três etapas, conhecidas como o físico-para-digital-para-físico, ou em inglês **physical-to-digital-to-physical.** Ou simplesmente, loop PDP:

- **Físico para digital**: captura informações do mundo físico e cria um registro digital de dados físicos.
- **Digital para digital**: compartilha informações e revela insights significativos usando análises avançadas, análise de cenários e inteligência artificial.
- **Digital para físico**: aplica algoritmos para traduzir decisões do mundo digital em dados efetivos, para estimular a ação e a mudança no mundo físico.

Para conseguir esse processo, a Indústria 4.0 combina tecnologias físicas e digitais, incluindo robótica, computação de alto desempenho, inteligência artificial e tecnologias cognitivas, impressão 3D, realidade aumentada, entre muitas outras. Estas tecnologias em boa parte estão detalhadas em outros capítulos deste livro, portanto para não ser redundante, abaixo será apresentada uma breve descrição de algumas das principais tecnologias que são as impulsionadoras da indústria 4.0.

A Internet das Coisas: em inglês "Internet of Things", ou simplesmente "IoT" é a rede crescente de "coisas" inteligentes, diferentes dos dispositivos de computação tradicionais, que coletam e enviam dados e/ou recebem instruções pela internet. A IoT é um componente-chave das fábricas inteligentes. No ambiente industrial, a IoT passa a ser referenciada como Industrial IoT, ou simplesmente IIoT. As máquinas no chão de fábrica são equipadas com sensores que apresentam um endereço IP que permite que se conectem a outros dispositivos habilitados para os protocolos da Internet. Essa mecanização e conectividade possibilitam que grandes quantidades de dados valiosos sejam coletados, trocados e analisados.

Computação na borda: as demandas das operações de produção em tempo real significam que algumas análises de dados devem ser feitas na "borda" – ou seja, onde os dados são criados. Isso minimiza o tempo de latência desde quando os dados são produzidos até quando uma resposta é necessária. Por exemplo, a detecção de um problema de segurança ou qualidade pode exigir uma ação quase em tempo real com o equipamento. O tempo necessário para enviar dados para a nuvem corporativa e depois voltar para o chão de fábrica pode ser muito longo e depende da confiabilidade da rede. O uso da computação de borda também significa que os dados permanecem próximos de sua origem, reduzindo os riscos de segurança.

A computação em nuvem: é a pedra angular de qualquer estratégia da Indústria 4.0. A plena realização de fábricas inteligentes exige conectividade e integração de engenharia, cadeia de suprimentos, produção, vendas e distribuição e serviço. A nuvem ajuda a tornar isso possível. Além disso, a grande quantidade de dados armazenados e analisados pode ser processada de forma mais eficiente e econômica com a nuvem. A computação em nuvem também pode reduzir os custos de inicialização para fabricantes de pequeno e médio porte que podem dimensionar corretamente suas necessidades e dimensionar à medida que seus negócios crescem.

A inteligência artificial e a aprendizagem de máquina: AI e ML (Artifical Intelligence e Machine Learning) permitem que as empresas de manufatura aproveitem ao máximo o volume de informações geradas não apenas no chão de fábrica, como também em suas unidades de negócios, parceiros e fornecedores. A IA e o aprendizado de máquina podem criar insights que fornecem visibilidade, previsibilidade e automação de operações industriais e processos de negócios.

Big data: é um sistema de armazenamento de dados – estruturados ou não – que tem informações relacionadas ao volume, velocidade e variedade entre outras. Na Indústria 4.0 tem o importante papel de colecionar todos os dados coletados, trocados e analisados por todos os dispositivos em suas diversas formas.

A Tecnologia de Gêmeos Digitais (Digital Twin): são réplicas virtuais de processos, linhas de produção, fábricas e cadeias de suprimentos. Um gêmeo digital é criado, extraindo dados de sensores, dispositivos, controladores lógicos programáveis, entre outros dispositivos de IoT conectados à Internet. Os fabricantes podem usar gêmeos digitais para ajudar a aumentar a produtividade, melhorar os fluxos de trabalho e projetar novos produtos. Ao simular um processo de produção, por exemplo, os fabricantes podem testar as alterações no processo para encontrar maneiras de minimizar o tempo de inatividade ou melhorar a capacidade.
Cybersecurity: As empresas de manufatura nem sempre consideraram a importância da segurança cibernética ou dos sistemas ciberfísicos. No entanto, a mesma conectividade de equipamentos operacionais na fábrica que permite processos de fabricação mais eficientes também expõe novas portas de entrada para ataques maliciosos. Ao passar por uma transformação digital para a Indústria

4.0, é essencial considerar uma abordagem de segurança cibernética que englobe equipamentos de TI e OT.

6.6. Características de uma Fábrica da Indústria 4.0

Uma fábrica "inteligente", em inglês "Smart Factory" integrada à cadeia de valor é mola-mestre para a viabilização dos novos negócios alavancados pela Indústria 4.0 e algumas características e requisitos mínimos são necessários, e algumas são mencionadas a seguir.

Análise de dados para Insights e tomada de decisão
Sensores embutidos e máquinas interconectadas produzem uma quantidade significativa de big data para empresas de manufatura. A análise de dados pode ajudar os fabricantes a investigar tendências históricas, identificar padrões e tomar melhores decisões. As "fábricas inteligentes" podem também usar dados de outras partes da organização e de seu ecossistema estendido de fornecedores e distribuidores para criar insights mais profundos. Ao analisar os dados de recursos humanos, vendas ou armazenamento, os fabricantes podem tomar decisões de produção com base nas margens de vendas e no pessoal. Uma réplica virtual, ou seja, uma representação digital completa das operações pode ser criada como um "gêmeo digital".

Integração IT-OT
A arquitetura de rede da "fábrica inteligente" depende da interconectividade. Dados em tempo real coletados de sensores, dispositivos e máquinas no chão de fábrica podem ser consumidos e usados imediatamente por outros ativos da fábrica, bem como compartilhados com outros componentes na pilha de software empresarial, incluindo ERPs e outros sistemas de gerenciamentos de negócios.

Produção customizada
Enquanto a primeira revolução industrial tratou da produção em massa, uma fá-

brica inteligente da Indústria 4.0 trata da customização em massa. Fábricas inteligentes podem produzir produtos personalizados que atendem às necessidades de clientes individuais de forma personalizada e mais econômica. De fato, em muitos segmentos da indústria, os fabricantes aspiram atingir um "tamanho de lote de um" de maneira econômica. Ao usar aplicativos de software de simulação avançados, novos materiais e tecnologias, como impressão 3-D, os fabricantes podem criar facilmente pequenos lotes de itens especializados para clientes específicos.

Cadeia de Suprimentos

Na Indústria 4.0. a forma como os fabricantes obtêm suas matérias-primas e entregam seus produtos acabados seguem caminhos ótimos. Ao compartilhar alguns dados de produção com fornecedores, os fabricantes podem programar melhor e otimizar as entregas. Se, por exemplo, uma linha de montagem estiver passando por uma interrupção, as entregas podem ser redirecionadas ou atrasadas para reduzir o desperdício de tempo ou custo. Além disso, ao estudar dados climáticos, de parceiros de transporte e varejistas, as empresas podem usar o envio preditivo para enviar produtos acabados no momento certo para atender à demanda do consumidor.

6.7. Modelos de Implantação e Maturidade da Indústria 4.0

A implantação da Indústria 4.0 envolve uma atualização significativa das competências e capacidades digitais de uma empresa de manufatura e implica mudanças em grandes partes da organização. Como essa transformação é um empreendimento altamente complexo, geralmente levará vários anos. Deve ser planejado e implementado de forma a garantir que impactos positivos na lucratividade – ou seja, crescimento e eficiência – ocorram em vários estágios durante toda a transformação. A geração de valor e benefícios devem ser visíveis em qualquer ponto do processo de transformação, a fim de apoiar seu sucesso geral. Essa abordagem permite ganhos rápidos e, ao mesmo tempo, direciona para a meta geral de transformação.

Essa estratégia exige uma abordagem passo a passo para o desenvolvimento da empresa. Como parte deste capítulo, é apresentado um caminho de desenvolvimento da Indústria 4.0 que começa com os requisitos básicos para a Indústria 4.0 e oferece suporte a empresas em toda a sua transformação em organizações ágeis e de aprendizado. O caminho compreende seis fases de desenvolvimento. Cada estágio se baseia no anterior e descreve as capacidades necessárias para alcançá-lo e os benefícios resultantes para a empresa (veja a Figura 6.1).

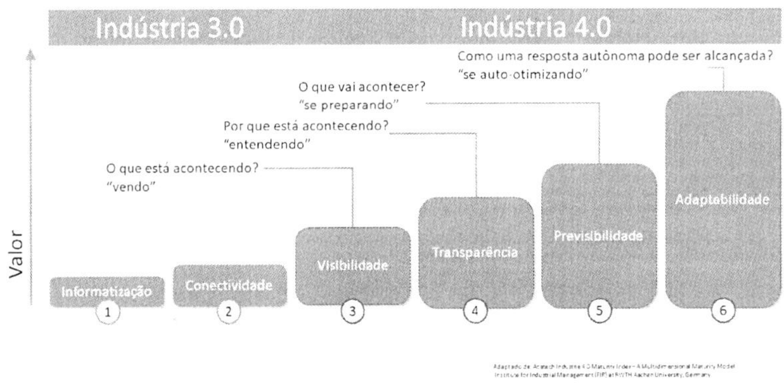

Figura 6.1

É importante que a capacidade seja construída passo a passo, ou seja, os benefícios de um estágio podem ser alcançados com um nível mais baixo de capacidade do que o estágio subsequente. O processo de transformação é uma jornada contínua de várias etapas sucessivas que são tomadas de forma incremental e podem não estar perfeitamente sincronizadas entre negócios, fábricas, linhas e células.

Cabe a cada empresa decidir qual estágio de desenvolvimento representa o melhor equilíbrio entre custos e benefícios para suas próprias circunstâncias particulares e deve, portanto, ser adotado como o estado-alvo para o final do processo de transformação planejado.

Atualmente as empresas ainda enfrentam o desafio de criar as condições básicas para a Indústria 4.0. O caminho de desenvolvimento começa com a digitalização e a conectividade que pertencem a já conquistada Indústria 3.0, mas são requisitos mínimos para a implementação da Indústria 4.0. Essas duas etapas iniciais são seguidas por quatro etapas adicionais nas quais os recursos necessários para o Indústria 4.0 são desenvolvidos.

Estágio 1 – Informatização

A primeira etapa no caminho do desenvolvimento é a informatização, uma vez que fornece a base para a digitalização. Nesta fase, diferentes tecnologias de informação são usadas isoladamente de cada outro dentro da empresa. A informatização já está bastante avançada na maioria das empresas e é usada principalmente para executar tarefas repetitivas com mais eficiência.

A informatização oferece benefícios importantes, por exemplo, permitindo fabricação mais barata para maiores padrões e com um grau de precisão sem o qual seria impossível fazer muitos produtos modernos. Mesmo assim, ainda é possível encontrar muitas máquinas sem interface digital. Isto é especialmente verdadeiro para máquinas com ciclos longos ou máquinas operadas manualmente. Nesses casos, terminais são frequentemente usados para fornecer o elo perdido entre aplicações de negócios e máquinas.

Estágio 2 – Conectividade

No estágio de conectividade, a implantação isolada da tecnologia da informação é substituída por componentes conectados. Assim se viabiliza que as aplicações de negócios estejam interconectadas e espelham os principais processos de negócios da empresa. Partes dos sistemas de Tecnologia Operacional (OT) fornecem conectividade e interoperabilidade, mas a integração total das camadas de TI e OT ainda não ocorreram neste estágio.

O Protocolo de Internet (IP) está se tornando cada vez mais amplamente usado, mesmo no chão de fábrica. Como a versão IPv6 atual permite endereços muito mais longos do que seu predecessor IPv4, todos os componentes agora podem ser conectados sem a necessidade de tradução de endereços de rede. Este é um requisito fundamental para a Internet das Coisas.

Conectividade significa que, por exemplo, uma vez que um projeto foi criado na engenharia, seus dados podem ser enviados para produção, para que as etapas de produção possam ser executadas de acordo (processos CAD/CAM). Uma vez que a etapa de fabricação é concluída, a confirmação pode ser fornecida automaticamente e em tempo real através de um Sistema de Execução de Manufatura (MES). Isto também permite que os fabricantes de máquinas-ferramenta realizem manutenção remota em produtos que estão sendo usados por seus clientes, graças à disponibilidade de links de dados baratos e de alto volume.

Estágio 3 – Visibilidade

Os sensores permitem que os processos sejam capturados do início ao fim de todos os pontos de que geram dados e informação em sua origem, assim eventos e estados podem agora ser registrados em tempo real em toda a empresa, em vez de apenas em áreas isoladas, como fabricação células, como antigamente. Isso permite manter um modelo digital atualizado das fábricas em todos os momentos. A este modelo se refere como a "sombra digital" da empresa. A sombra digital pode ajudar a mostrar o que está acontecendo na empresa a qualquer momento para que as decisões de gestão possam ser baseadas em dados reais. É, portanto, o bloco de construção central para os estágios posteriores.

Produzir uma sombra digital é um grande desafio para muitas empresas. O problema é que geralmente os dados são mantidos em silos descentralizados. Além disso, para funções-chave como produção, logística e serviços é comum haver poucos dados coletados, além de serem centralizados. Além disso, os dados capturados são, em muitos casos, visíveis apenas para um número limitado de pessoas que podem acessar e entender seus respectivos sistemas de domínio.

Uso mais amplo dos dados são proibidos pelos limites do sistema. Para atingir o objetivo de uma empresa "inteligente" e de aprendizagem ágil, capturar de dados abrangentes em toda a empresa é essencial para o fornecimento de dados sobre a operação em todo o negócio.

Estágio 4 – Transparência

O estágio três envolveu a criação de uma sombra digital da situação atual da empresa. A próxima etapa é a empresa entender por que algo está acontecendo e usar esse entendimento para produzir conhecimento por meio de análises de causa raiz. Para identificar e interpretar as interações na sombra digital, os dados capturados devem ser analisados e fornecendo o conhecimento do processo necessário para apoiar a tomada de decisão complexa e rápida.

Novas tecnologias que suportam a análise de grandes volumes de dados podem ser extremamente necessárias nesse sentido. Big data é frequentemente mencionado neste contexto. É usado para descrever dados em massa que não podem mais ser processados e analisados usando processos convencionais de análise de negócios. O termo big data também abrange as tecnologias e aplicações que permitem que esses dados extremamente grandes e muitas vezes heterogêneos conjuntos a serem combinados e processados.

Estágio 5 – Previsibilidade – de Capacidade Preditiva

Construído sobre o estágio de transparência está o desenvolvimento da capacidade preditiva. Uma vez atingido este estágio, a empresa é capaz de simular diferentes cenários futuros e identificar os mais prováveis. Isso envolve projetar a sombra digital no futuro para representar uma variedade de cenários que podem então ser avaliados em termos de sua probabilidade de ocorrência. Como resultado, as empresas são capazes de antecipar o futuro e assim tomar decisões e implementar as medidas adequadas em tempo útil.

A capacidade preditiva de uma empresa depende fortemente do trabalho de base que realizou anteriormente. Uma sombra digital adequadamente construída combinada com o conhecimento das interações relevantes ajudará garantir que tanto as previsões quanto as recomendações baseadas nelas sejam de alto padrão.

Estágio 6 – Adaptabilidade - Capacidade de auto-otimização

A capacidade preditiva é um requisito fundamental para automação de ações e tomada de decisão automatizada. A adaptação contínua permite que uma empresa delegue certas decisões aos sistemas de TI que ele pode se adaptar a um ambiente de negócios em mudança tão rápido quanto possível.

Exemplos incluem alterar a sequência de ordens planejadas devido a falhas de máquina esperadas ou para evitar atrasos na entrega. A meta de adaptabilidade será alcançada quando uma empresa é capaz de usar os dados da sombra digital para tomar decisões que tenham os melhores resultados possíveis no menor tempo possível e implementar as medidas correspondentes automaticamente, ou seja, sem assistência humana.

6.8. Considerações Finais

O termo Indústria 4.0 tem sido usado desde 2011 para descrever a ampla integração de tecnologias da informação e de comunicação na fabricação industrial, e é impulsionada pela fusão de tecnologias digitais que fundamentalmente altera a estrutura dos negócios e que por sua vez as forças motoras das organizações. Com as tecnologias atualmente disponíveis, é possível a implantação de fábricas inteligentes que seguem por algumas etapas padrões e modelos de desenvolvimento: a partir de um ambiente informatizado e conectado, se desenvolvem camadas que permitem "ver" o que está acontecendo, "entender" o porquê está acontecendo, "se preparar" para o quê provavelmente vai acontecer e "responder" de forma autônoma para alcançar o melhor resultado em um ambiente e cadeia de produção.

No entanto, a Indústria 4.0 não está limitada somente às transformações tecnológicas e para ser totalmente alcançada, as empresas também precisarão transformar sua organização e cultura, para assim se tornar um empresa inteligente, que além de ser ágil, é capaz de aprender, e de se adaptar a um ambiente em mudança.

Referências Bibliográficas

HOBSBAWM, Eric J. **A Era das Revoluções**. Rio de Janeiro: Paz e Terra, 2014.

KLAUSS Schawab, **The Fourth Industrial Revolution,** World Economic Forum, Geneva, Swtzerland, 2016. ISBN 978-85-7283-978-5

HPE - Realizing the Power of an Industry 4.0 Operational Edge (acesso em junho/2022)

https://www.hpe.com/psnow/doc/a50000034enw?jumpid=in_hpesitesearch

Microsoft - Bringing Autonomy to Industrial Control Systems (acesso em junho/2022)

https://query.prod.cms.rt.microsoft.com/cms/api/am/

Deloitte - Forces of change: Industry 4.0 (acesso em junho/2022) https://www2.deloitte.com/content/dam/Deloitte/es/Documents/manufacturing/Deloitte-ES-manufacturing-industria-4.0.pdf

IBM - How Industry 4.0 technologies are changing manufacturing (acesso em junho/2022)

https://www.ibm.com/topics/industry-4-0?mhsrc=ibmsearch_a&mhq=big%20data%20for%20OT

Acatech - Industrie 4.0 Maturity Index – Managing the Digital Transformation of Companies (acesso em junho/2022)

https://en.acatech.de/publication/industrie-4-0-maturity-index-managing-the-digital-transformation-of-companies/#:~:text=The%20acatech%20Industrie%204.0%20Maturity%20Index%20is%20a,by%20companies%20operating%20in%20a%20digitalised%20industrial%20environment.

SENAI - Portal da Indústria (acesso em junho/2022)

https://www.portaldaindustria.com.br/industria-de-a-z/industria-4-0/

7

Detecção de Patologias Cerebrais em Imagens Médicas utilizando Técnicas de Processamento de Imagens

Sergio Ricardo Master Penedo
sergio.penedo@gmail.com
Universidade Cruzeiro do Sul

Resumo

O diagnóstico preciso de patologias cerebrais é essencial para garantir o tratamento adequado e a recuperação do paciente. As imagens médicas, como tomografia computadorizada (TC), ressonância magnética (RM) e tomografia por emissão de pósitrons (PET), fornecem informações detalhadas sobre a estrutura e função do cérebro, revelando alterações que indicam a presença de doenças. No entanto, a análise de imagens cerebrais é desafiadora devido à variabilidade anatômica individual, a diversidade de patologias e a presença de ruído e artefatos nas imagens. Para superar esses obstáculos, a área de processamento de imagens médicas está se beneficiando da inteligência artificial (IA) e do aprendizado de máquina (ML). Algoritmos de IA treinados com vastos conjuntos de dados de imagens cerebrais podem aprender padrões e características específicas de diferentes patologias, auxiliando os médicos na detecção precoce de doenças e na tomada de decisões mais precisas e rápidas. A segmentação de imagens, a detecção de anomalias e padrões e a classificação de imagens são ferramentas essenciais no processo de diagnóstico. Técnicas de segmentação delimitam regiões de interesse nas imagens, enquanto algoritmos de detecção de anomalias identificam padrões ou características que se desviam do padrão normal esperado. A classificação de imagens, por sua vez, atribui uma classe ou categoria específica a uma imagem com base em suas características visuais. Assim, a combinação da expertise médica com o poder da IA e do ML abre um novo horizonte para a saúde do cérebro, prometendo diagnósticos mais precisos, tratamentos mais eficazes e uma melhor qualidade de vida para os pacientes.

Palavras-chaves

Aprendizado de Máquina, Patologias Cerebrais, Processamento de Imagens.

7.1. Introdução

O cérebro, o centro de comando do corpo humano, é um órgão complexo e delicado, cuja função impacta diretamente a qualidade de vida do indivíduo. Para garantir o tratamento adequado de doenças que afetam o cérebro, o diagnóstico preciso é fundamental. As imagens médicas se tornaram ferramentas indispensáveis nesse processo, fornecendo informações valiosas sobre a estrutura e a função do cérebro. Através de técnicas como a tomografia computadorizada (TC), a ressonância magnética (RM) e a tomografia por emissão de pósitrons (PET), os médicos podem visualizar o cérebro em diferentes níveis de detalhe, identificando alterações que podem indicar a presença de doenças.

A análise de imagens cerebrais, no entanto, apresenta desafios complexos. A variabilidade anatômica entre indivíduos, a diversidade de patologias com diferentes manifestações e a presença de ruídos e artefatos nas imagens dificultam a detecção precisa de alterações. A interpretação das imagens exige expertise médica e um profundo conhecimento das características de cada doença, o que pode ser um processo lento e sujeito à subjetividade.

A busca por diagnósticos mais precisos e eficientes impulsiona o desenvolvimento de tecnologias inovadoras no campo da análise de imagens médicas. A inteligência artificial (IA) e o aprendizado de máquina (ML) surgem como ferramentas potenciais para superar os desafios da análise de imagens cerebrais. Algoritmos de IA, treinados com vastos conjuntos de dados de imagens, podem aprender padrões e características específicas de diferentes doenças, identificando alterações sutis que podem passar despercebidas pelo olho humano.

A aplicação da IA na análise de imagens cerebrais promete revolucionar o diagnóstico de doenças neurológicas. Através da análise automatizada de imagens, a IA pode auxiliar os médicos na detecção precoce de patologias, na identificação de alterações sutis e na escolha do tratamento mais adequado para cada paciente. Essa tecnologia também contribui para a padronização e objetividade na análise de imagens, minimizando a subjetividade e o erro humano.

O futuro da saúde do cérebro está se moldando através da união da expertise médica com a inteligência artificial. A IA, com sua capacidade de analisar dados complexos de forma rápida e precisa, surge como uma poderosa ferramenta para auxiliar no diagnóstico de doenças neurológicas. Através de algoritmos de aprendizado de máquina, a IA pode identificar padrões sutis em imagens médicas, detectando alterações que podem passar despercebidas pelo olho humano, e auxiliando na detecção precoce de doenças. Essa nova aliança entre a medicina e a tecnologia promete revolucionar a forma como as doenças cerebrais são diagnosticadas, tratadas e prevenidas. Diagnósticos mais precisos e rápidos permitem a implementação de tratamentos mais eficazes, aumentando as chances de recuperação e melhorando a qualidade de vida dos pacientes. A IA também pode contribuir para a prevenção de doenças, identificando indivíduos com alto risco de desenvolver determinadas patologias e permitindo a intervenção antecipada.

A jornada para desvendar os complexos mecanismos do cérebro é longa e desafiadora, mas a IA se mostra como uma aliada fundamental nesse caminho. A combinação de expertise médica e tecnologia avançada promete um futuro mais promissor para pacientes e profissionais da área da saúde, abrindo caminho para uma compreensão mais profunda do cérebro e para tratamentos mais eficazes e personalizados.

7.2. Importância do diagnóstico preciso de patologias cerebrais

O cérebro é o órgão mais complexo do corpo humano, responsável por todas as nossas funções cognitivas, motoras e sensoriais. Quando esse órgão sofre algum tipo de dano, as consequências para o indivíduo podem ser devastadoras, afetando sua capacidade de pensar, se comunicar, se mover e até mesmo de viver de forma independente. Portanto, a detecção precisa e precoce de patologias cerebrais é fundamental para o sucesso do tratamento e a recuperação do paciente.

Um diagnóstico preciso permite a escolha da terapia mais adequada para cada caso, aumentando as chances de sucesso e minimizando os riscos de complicações. Além disso, o diagnóstico precoce de doenças neurodegenerativas, como o Alzheimer, pode permitir a intervenção com medicamentos e terapias que retardam a progressão da doença e garantem uma melhor qualidade de vida ao paciente. A detecção precisa de patologias cerebrais é assim vital para garantir o bem-estar do paciente e para otimizar os recursos de saúde, evitando tratamentos desnecessários e direcionando os cuidados para onde são realmente necessários.

7.3. O papel das imagens médicas na avaliação do cérebro

As imagens médicas revolucionaram a forma como os médicos avaliam o cérebro, proporcionando uma visão sem precedentes da estrutura e função desse órgão vital. A tomografia computadorizada utiliza raios-X para gerar imagens detalhadas do crânio e do cérebro, permitindo a identificação de fraturas ósseas, hemorragias e outras alterações estruturais. A ressonância magnética, por sua vez, utiliza campos magnéticos e ondas de rádio para criar imagens de alta resolução dos tecidos moles do cérebro, incluindo a substância branca e cinzenta, permitindo a detecção de tumores, AVCs (Acidentes Vasculares Cerebrais), doenças neurodegenerativas e outras patologias. As Figuras 7.1(a) e 7.1(b) apresentam imagens de TC e de RM, em que se percebem diferenças significativas do ponto de vista morfológico.

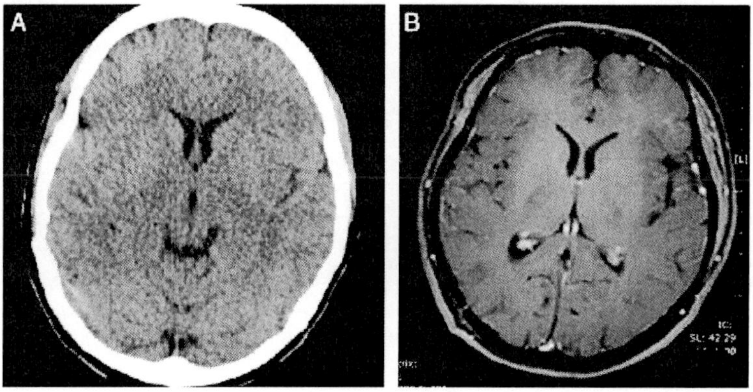

Figura 7.1 – (a) Imagem de tomografia computadorizada do cérebro; (b) Imagem de ressonância magnética do cérebro. Fonte: BAKAR e OZER, 2014.

A tomografia por emissão de pósitrons utiliza um marcador radioativo para avaliar a atividade metabólica do cérebro, permitindo a identificação de áreas com alterações no metabolismo, como ocorre em tumores, infecções e doenças neurodegenerativas. Essas técnicas de imagem, combinadas com a análise especializada de profissionais de saúde, permitem um diagnóstico mais preciso e um tratamento mais eficaz de patologias cerebrais, melhorando a qualidade de vida dos pacientes e otimizando os recursos de saúde. Uma imagem cerebral obtida por PET é apresentada na Figura 7.2.

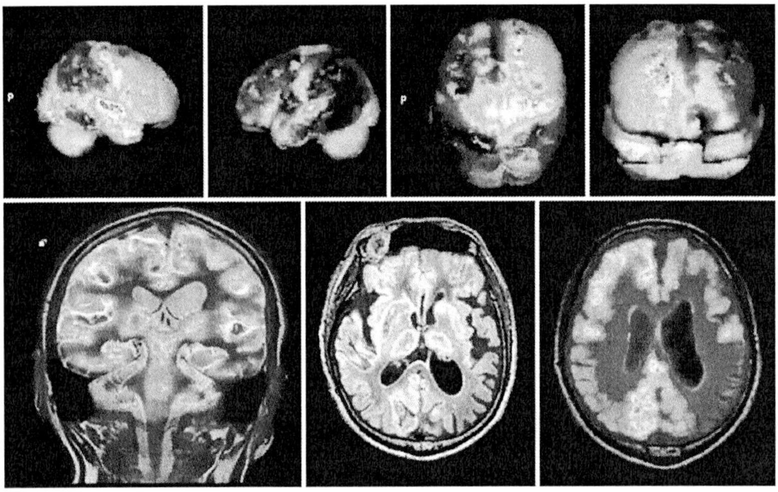

Figura 7.2 – Imagens de tomografia PET do cérebro. Fonte: Vitor *et al*. (2017)

7.4. Comparação entre as imagens médicas usadas (TC, RM, PET)

A tomografia computadorizada é uma técnica de imagem que utiliza raios-X para gerar imagens detalhadas do crânio e do cérebro. O paciente fica deitado em uma mesa que se move através de um anel com um tubo de raios-X. Os raios-X atravessam a cabeça do paciente e são detectados por sensores do outro lado, gerando uma série de imagens bidimensionais que são reconstruídas em imagens tridimensionais do cérebro. A TC é útil para detectar fraturas ósseas, hemorragias, tumores e outras alterações estruturais no cérebro, mas não fornece informações detalhadas sobre os tecidos moles.

A ressonância magnética, por sua vez, é uma técnica de imagem que utiliza campos magnéticos e ondas de rádio para criar imagens de alta resolução dos tecidos moles do cérebro, incluindo a substância branca e cinzenta. O paciente fica deitado em uma mesa que se move dentro de um tubo magnético. As ondas de rádio são emitidas e absorvidas pelos tecidos do cérebro, gerando sinais que são detectados por sensores e reconstruídos em imagens. A RM é mais sensível que a TC para detectar alterações nos tecidos moles, como tumores, AVCs e doenças neurodegenerativas, e pode fornecer informações sobre o fluxo sanguíneo no cérebro.

A tomografia por emissão de pósitrons é uma técnica de imagem que utiliza um marcador radioativo para que o profissional médico possa avaliar a atividade metabólica da estrutura cerebral. O paciente recebe uma injeção com o marcador, que é absorvido pelas células cerebrais e emite pósitrons. Os pósitrons colidem com os elétrons do cérebro, gerando raios gama que são detectados por sensores e reconstruídos em imagens. A PET é útil para identificar áreas com alterações no metabolismo, como ocorre em tumores, infecções e doenças neurodegenerativas, e pode fornecer informações sobre o fluxo sanguíneo e o metabolismo cerebral.

7.5. Desafios na detecção de patologias em imagens cerebrais

A detecção de patologias em imagens cerebrais apresenta diversos desafios, tornando a tarefa complexa e demandando expertise médica e tecnologias avançadas. A variabilidade anatômica individual é um dos principais obstáculos, pois cada cérebro possui características únicas, dificultando a identificação de padrões comuns e a detecção de alterações sutis. O tamanho, a forma e a posição das estruturas cerebrais podem variar significativamente entre indivíduos, o que pode levar a interpretações equivocadas e diagnósticos imprecisos.

Outro desafio reside na diversidade de patologias cerebrais, cada uma com suas manifestações específicas nas imagens. Um tumor cerebral pode apresentar diferentes características de acordo com seu tipo, localização e estágio de desenvolvimento, enquanto um AVC pode manifestar-se de formas distintas, dependendo da área do cérebro afetada e do tipo de lesão. Essa diversidade torna a análise de imagens cerebrais ainda mais complexa, exigindo um conhecimento profundo das diferentes patologias e suas características.

A qualidade das imagens médicas também influencia diretamente a detecção de patologias. Ruídos e artefatos, que podem ser introduzidos durante o processo de aquisição ou processamento das imagens, podem mascarar alterações sutis e dificultar a interpretação das imagens por profissionais de saúde. A presença de artefatos de movimento, por exemplo, pode obscurecer áreas de interesse e dificultar a identificação de lesões.

Em síntese, a detecção de patologias em imagens cerebrais exige um alto grau de especialização e experiência. A interpretação das imagens exige conhecimento profundo da anatomia e fisiologia do cérebro, além de familiaridade com as diferentes patologias e suas manifestações nas imagens. O uso de ferramentas de inteligência artificial e aprendizado de máquina pode auxiliar na detecção automática de padrões e anomalias, mas a interpretação final ainda depende do profissional de saúde, que deve analisar as imagens em conjunto com a história clínica do paciente e realizar o diagnóstico de forma precisa e responsável.

7.6. Variabilidade anatômica individual

O cérebro humano, apesar de sua estrutura geral ser similar entre indivíduos, apresenta uma notável variabilidade anatômica. Essa variabilidade se manifesta na forma, tamanho e posição das diferentes estruturas cerebrais, como os lobos, giros e sulcos. Essa individualidade anatômica é resultado de fatores genéticos, ambientais e de desenvolvimento, tornando cada cérebro único.

A caracteristica em questão impacta diretamente a detecção de patologias em imagens cerebrais. Uma alteração que pode ser considerada anormal em um indivíduo pode ser perfeitamente normal em outro, devido às diferenças anatômicas intrínsecas. Essa complexidade exige que os profissionais de saúde e os algoritmos de análise de imagens levem em consideração a individualidade de cada paciente ao interpretar as imagens.

A variação anatômica entre indivíduos torna a tarefa de identificar padrões e anomalias nas imagens cerebrais ainda mais desafiadora. Algoritmos de aprendizado de máquina precisam ser treinados com conjuntos de dados diversos, que reflitam a variabilidade anatômica da população, para que possam generalizar suas conclusões e detectar alterações de forma precisa, evitando falsos positivos e negativos. A compreensão da variabilidade anatômica individual é fundamental para a precisão do diagnóstico e para a otimização das ferramentas de análise de imagens cerebrais.

7.7. Diversidade de patologias com diferentes manifestações

A diversidade de patologias que podem afetar o cérebro é um desafio considerável para a detecção precisa em imagens médicas. Cada doença possui suas próprias características e manifestações específicas, o que exige um conhecimento profundo por parte dos profissionais de saúde para interpretar as imagens de forma correta. Um tumor cerebral, por exemplo, pode apresentar diferentes características de acordo com seu tipo, localização e estágio de desenvolvimento, variando em tamanho, forma, textura e contraste nas imagens.

Um AVC, por sua vez, pode manifestar-se de formas distintas, dependendo da área do cérebro afetada e do tipo de lesão. Um AVC isquêmico, causado por obstrução de um vaso sanguíneo, pode apresentar áreas de infarto hipodensas, enquanto um AVC hemorrágico, causado por ruptura de um vaso sanguíneo, pode apresentar áreas de hiperdensidade.

Essa diversidade de patologias com diferentes manifestações torna a análise de imagens cerebrais ainda mais complexa, exigindo que os profissionais de saúde estejam familiarizados com as diferentes doenças, seus sintomas, sinais e características nas imagens. A interpretação precisa das imagens exige conhecimento profundo da anatomia e fisiologia do cérebro, bem como da sintomatologia e evolução das diferentes patologias. É fundamental integrar a análise das imagens com a história clínica do paciente e outros exames para realizar um diagnóstico preciso e direcionar o tratamento adequado.

7.8. Ruído e artefatos nas imagens

O ruído e os artefatos presentes nas imagens médicas são um desafio constante para a detecção precisa de patologias, especialmente em imagens cerebrais, onde as alterações podem ser sutis e difíceis de distinguir. O ruído é um sinal indesejável que surge durante a aquisição ou o processamento das imagens, interferindo na qualidade da imagem e dificultando a visualização de estruturas e detalhes importantes. Um exemplo de imagem afetada por ruído é apresentado na figura 7.3.

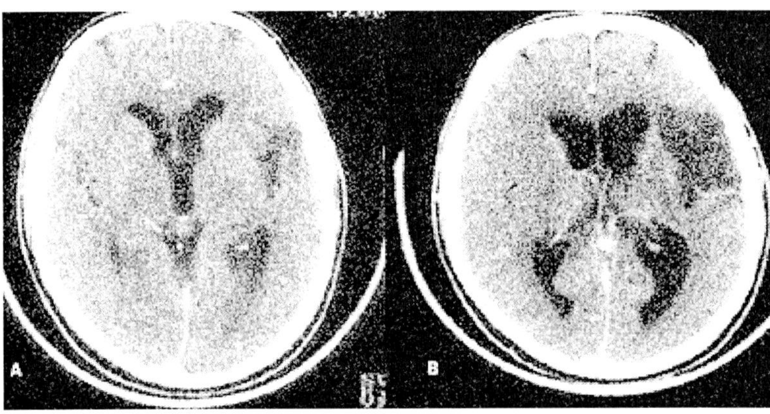

Figura 7.3 – Imagens de tomografia contaminadas por ruído. Fonte: Elaborada pelo autor (2024).

Os artefatos, por sua vez, são padrões distorcidos na imagem que podem ser causados por diversos fatores, como movimento do paciente durante a aquisição, falhas no equipamento ou interferência de outros sinais. Os artefatos podem obscurecer áreas de interesse, mascarar alterações sutis e dificultar a interpretação das imagens por profissionais de saúde.

O ruído e os artefatos podem ser gerados por diversas causas, como por exemplo:

- Ruído eletrônico: Ocorre durante a aquisição das imagens, causado por flutuações na corrente elétrica ou interferência de outros dispositivos.
- Ruído térmico: Ocorre devido à agitação térmica dos átomos e moléculas, gerando um sinal aleatório que se sobrepõe ao sinal da imagem.
- Ruído de movimento: Ocorre quando o paciente se move durante a aquisição das imagens, causando distorções e desfocagem.
- Artefatos de susceptibilidade: Ocorre em imagens de ressonância magnética, causado por diferenças na suscetibilidade magnética dos tecidos, gerando distorções nas imagens.

Para minimizar o impacto do ruído e dos artefatos, são utilizadas técnicas de processamento de imagens para filtrar e remover esses sinais indesejáveis. No entanto, a remoção completa do ruído e dos artefatos pode ser desafiadora, exigindo algoritmos avançados e uma análise cuidadosa por parte dos profissionais de saúde. A análise crítica das imagens, considerando a presença de ruído e artefatos, é essencial para evitar erros de diagnóstico e garantir um tratamento eficaz.

7.9. Fundamentos da Detecção de Patologias

A detecção precisa de patologias em imagens médicas do cérebro exige o uso de ferramentas e técnicas avançadas que possibilitem a análise detalhada das imagens e a identificação de alterações sutis. A área de processamento de imagens médicas se dedica a desenvolver algoritmos e métodos computacionais para analisar e interpretar imagens médicas, auxiliando os profissionais de saúde na tomada de decisões mais precisas e eficientes.

Nesta seção, exploraremos os fundamentos da detecção de patologias em imagens cerebrais, incluindo conceitos básicos de processamento de imagens, técnicas de segmentação para delimitar regiões de interesse, algoritmos de detecção de anomalias e padrões, métodos de classificação para determinar a presença ou ausência de patologias, e o uso crescente de aprendizado de máquina e inteligência artificial para a análise de imagens médicas.

7.10. Conceitos básicos de processamento de imagens médicas

O processamento de imagens médicas é um campo multidisciplinar que combina técnicas de computação, matemática e medicina para analisar e interpretar imagens médicas, como as provenientes de tomografias computadorizadas, ressonâncias magnéticas e tomografias por emissão de pósitrons. O objetivo principal do processamento de imagens médicas é extrair informações relevantes das imagens para auxiliar no diagnóstico, tratamento e acompanhamento de doenças.

As imagens médicas são representadas digitalmente como matrizes de pixels, onde cada pixel corresponde a um valor que representa a intensidade do sinal naquela região da imagem. O processamento de imagens médicas envolve uma série de operações matemáticas e computacionais aplicadas a essas matrizes de pixels para realçar características relevantes, reduzir ruído, corrigir distorções, segmentar regiões de interesse e extrair informações quantitativas.

As principais etapas do processamento de imagens médicas são apresentadas na figura 7.4.

Figura 7.4 – Diagrama de blocos de um sistema de processamento de imagens. Fonte: Elaborada pelo autor (2024).

Tais etapas assim se caracterizam:

- Aquisição: A obtenção da imagem médica utilizando técnicas como TC, RM, PET, ultrassom e raios-X.
- Pré-processamento: O tratamento inicial da imagem para corrigir distorções, remover ruídos e melhorar a qualidade da imagem.
- Segmentação: A identificação e delimitação de regiões de interesse na imagem, como tumores, órgãos ou estruturas específicas.
- Análise: A extração de informações quantitativas da imagem, como tamanho, forma, textura e intensidade do sinal.
- Visualização: A apresentação da imagem processada de forma clara e intuitiva para facilitar a interpretação por profissionais de saúde.

O processamento de imagens médicas se baseia em diversas técnicas, como:

- Filtragem: A aplicação de filtros matemáticos para reduzir ruído, realçar bordas e melhorar o contraste das imagens.
- Segmentação: A aplicação de algoritmos para identificar e delimitar regiões de interesse nas imagens.
- Transformação: A aplicação de transformações matemáticas para modificar a imagem, como aumentar o contraste ou realizar correções geométricas.
- Análise de textura: A análise das características textural da imagem para identificar padrões e anomalias.

Desta forma, o processamento de imagens médicas vem ganhando cada vez mais importância na área da saúde, com o desenvolvimento de novas técnicas e algoritmos mais precisos e eficientes. A aplicação de técnicas de inteligência artificial e aprendizado de máquina no processamento de imagens médicas vem revolucionando a análise e interpretação de imagens, permitindo diagnósticos mais precisos e rápidos, além de otimizar o tratamento e o acompanhamento de doenças.

7.11. Técnicas de segmentação de imagens para delimitar regiões de interesse

A segmentação de imagens é uma etapa fundamental no processamento de imagens médicas, sendo também essencial para a detecção precisa de patologias e para a análise quantitativa de estruturas e regiões de interesse. O objetivo da segmentação é delimitar e isolar objetos ou regiões específicas dentro da imagem, separando-os do fundo e de outras estruturas adjacentes. Essa técnica permite que os profissionais de saúde se concentrem em áreas específicas da imagem para análise e diagnóstico, ignorando informações irrelevantes.

Existem diversas técnicas de segmentação de imagens, cada uma com seus próprios princípios e aplicações específicas. Algumas das técnicas mais comuns são:

- *Thresholding*: Essa técnica consiste em definir um limiar de intensidade para separar os pixels da imagem em duas classes: pixels acima do limiar são considerados parte do objeto de interesse, enquanto os pixels abaixo do limiar são considerados parte do fundo. Essa técnica é simples e rápida, mas pode ser imprecisa em imagens com alto nível de ruído ou com variações de intensidade dentro do objeto de interesse.
- *Clustering*: Essa técnica agrupa pixels com características semelhantes em clusters, utilizando algoritmos como K-means ou Fuzzy C-means. Cada cluster representa uma região específica da imagem, como um tumor ou um órgão, e a segmentação é realizada identificando os clusters que correspondem ao objeto de interesse.
- Métodos de deformação: Essas técnicas utilizam modelos de deformação para segmentar objetos de interesse. Um modelo inicial é definido, como um contorno ou uma superfície, e é deformado de forma iterativa para se ajustar aos limites do objeto na imagem. Essa técnica é útil para segmentar objetos com formas complexas e irregulares.

- Métodos baseados em aprendizado de máquina: Essas técnicas utilizam algoritmos de aprendizado de máquina para segmentar imagens, treinando modelos com conjuntos de dados de imagens previamente segmentadas. Esses modelos podem aprender a identificar e delimitar objetos de interesse de forma mais precisa e robusta do que as técnicas tradicionais.

A escolha da técnica de segmentação mais adequada depende da aplicação específica, da qualidade da imagem e das características do objeto de interesse. As técnicas de segmentação devem ser escolhidas cuidadosamente para garantir a precisão e a confiabilidade da análise das imagens, impactando diretamente a qualidade do diagnóstico e o tratamento do paciente.

A segmentação de imagens é uma ferramenta essencial para o diagnóstico médico, permitindo que os profissionais de saúde identifiquem e quantifiquem alterações sutis nas imagens, como tumores, aneurismas, áreas de infarto e outras anomalias. Com o desenvolvimento de algoritmos mais precisos e robustos, a segmentação de imagens continuará a desempenhar um papel fundamental no avanço da medicina, auxiliando na detecção precoce de doenças, no planejamento de tratamentos mais eficazes e no acompanhamento da evolução da saúde dos pacientes.

7.12. Algoritmos de detecção de anomalias e padrões

A detecção de anomalias e padrões em imagens médicas é uma etapa primordial para o diagnóstico preciso de patologias. Os algoritmos de detecção de anomalias são projetados para identificar regiões ou características que se desviam do padrão normal esperado em uma imagem médica, sinalizando a possível presença de uma patologia. Esses algoritmos podem ser utilizados para detectar tumores, áreas de infarto, alterações na substância branca do cérebro e outras anormalidades que podem passar despercebidas a olho nu.

Os algoritmos de detecção de padrões, por sua vez, buscam identificar padrões específicos nas imagens que podem ser indicadores de uma determinada patologia. Esses algoritmos podem ser treinados com conjuntos de dados de imagens de pacientes com e sem uma determinada doença, aprendendo a reconhecer padrões associados à presença da doença. Por exemplo, um algoritmo pode ser treinado para identificar padrões de hiperintensidade na substância branca do cérebro, que podem ser indicadores de esclerose múltipla. Existem diversos tipos de algoritmos utilizados para detecção de anomalias e padrões em imagens médicas, em que se destacam: **algoritmos de detecção de bordas**, que identificam mudanças abruptas de intensidade nas imagens, que podem indicar a presença de bordas de objetos ou de alterações na estrutura tecidual; **algoritmos de análise de textura**, que analisam as características textural da imagem, como padrões de repetição, homogeneidade e irregularidade, para identificar áreas com alterações na textura, e **algoritmos de aprendizado de máquina**, que utilizam técnicas de inteligência artificial para aprender padrões a partir de conjuntos de dados de imagens, podendo detectar anomalias e padrões que são difíceis de serem identificados por métodos tradicionais.

A detecção precisa de anomalias e padrões em imagens médicas é considerada uma etapa essencial para o diagnóstico precoce e eficaz de patologias, permitindo que os profissionais de saúde identifiquem alterações sutis que podem passar despercebidas a olho nu. Esses algoritmos, em conjunto com a expertise médica, podem auxiliar na tomada de decisões mais precisas e eficientes, contribuindo para a melhoria dos cuidados com a saúde dos pacientes.

7.13. Classificação de imagens para determinar a presença ou ausência de patologias

A classificação de imagens compreende uma etapa também importante no processamento de imagens médicas, adequada à detecção precisa de patologias e para a tomada de decisões clínicas mais assertivas. A classificação de imagens consiste em atribuir uma classe ou categoria específica a uma imagem, como "normal" ou "patológico", com base em suas características visuais. Essa técnica permite que os profissionais de saúde identifiquem a presença ou ausência de uma determinada patologia de forma mais eficiente e precisa.

Há diversos métodos de classificação de imagens, cada um com seus próprios algoritmos e princípios, dos quais se destacam:

- Redes neurais artificiais (RNAs): As RNAs são modelos computacionais inspirados no funcionamento do cérebro humano, que aprendem padrões a partir de conjuntos de dados de imagens e podem classificar novas imagens com base nesses padrões. As RNAs são amplamente utilizadas na classificação de imagens médicas, como na detecção de tumores, AVCs e doenças neurodegenerativas.
- Máquinas de vetores de suporte (SVMs): As SVMs são modelos de aprendizado de máquina que buscam encontrar o melhor hiperplano de separação entre diferentes classes de imagens. As SVMs são eficientes para classificar imagens com alto nível de complexidade e são frequentemente utilizadas na detecção de padrões em imagens médicas.
- Árvores de decisão: As árvores de decisão são modelos de classificação que se baseiam em uma série de regras de decisão para classificar as imagens. Esses modelos são simples e intuitivos, mas podem ser menos precisos que as RNAs e as SVMs em imagens com alta complexidade.

Dessa forma, a seleção do método de classificação mais adequado depende da aplicação específica, da qualidade da imagem, do tipo de patologia a ser detectada e do conjunto de dados disponível para treinamento do modelo. É fundamental que a escolha do método de classificação considere um método preciso e confiável, de modo a garantir a qualidade do diagnóstico e para evitar erros que podem prejudicar o tratamento do paciente.

A classificação de imagens médicas vem ganhando cada vez mais importância na área da saúde, com o desenvolvimento de novos algoritmos e técnicas mais precisas e eficientes. O uso de técnicas de inteligência artificial e aprendizado de máquina na classificação de imagens médicas vem revolucionando a análise e interpretação de imagens, permitindo diagnósticos mais precisos e rápidos, além de otimizar o tratamento e o acompanhamento de doenças.

7.14. Patologias cerebrais comuns e suas características nas imagens

O cérebro, órgão complexo e vital, é suscetível a uma variedade de patologias que podem afetar sua estrutura e função, resultando em sintomas e sequelas que variam de leves a graves. A detecção precisa dessas patologias é considerada providencial para o tratamento adequado e a recuperação do paciente.

Nesta seção, iremos explorar algumas das patologias cerebrais mais comuns e suas características nas imagens, com o objetivo de fornecer uma base para a compreensão da interpretação de imagens médicas e da detecção de alterações que podem indicar a presença de doenças. Abordaremos patologias como o trauma cranioencefálico, o acidente vascular cerebral, tumores cerebrais, doenças neurodegenerativas, infecções do sistema nervoso central (SNC) e doenças desmielinizantes, descrevendo suas características típicas nas diferentes modalidades de imagem (VITOR *et al.*, 2017).

A familiaridade com as características das patologias cerebrais nas imagens médicas é requisito obrigatório para os bons profissionais de saúde, permitindo a interpretação precisa das imagens, o diagnóstico diferencial e a escolha da melhor abordagem terapêutica para cada caso. Compreender como as diferentes doenças se manifestam nas imagens permite uma avaliação mais eficiente e uma intervenção médica mais eficaz, otimizando o tratamento e a qualidade de vida dos pacientes.

7.15. Trauma cranioencefálico

O trauma cranioencefálico (TCE) é uma lesão que ocorre quando a cabeça sofre um impacto forte, como um acidente de carro, uma queda ou um golpe direto. Essa lesão pode resultar em uma variedade de danos, incluindo fraturas ósseas, hematomas, edema e hemorragias, que podem afetar o cérebro e causar sintomas neurológicos.

As fraturas ósseas, como fraturas do crânio, são comuns em casos de TCE severos. Essas fraturas podem ser lineares, deprimidas ou compostas, e podem causar danos direto ao cérebro ou aumentar o risco de outras complicações, como hematomas e hemorragias. Os hematomas são coleções de sangue que se formam dentro do crânio após um TCE, devido à ruptura de vasos sanguíneos. Esses hematomas podem comprimir o tecido cerebral, causando danos neurológicos e sintomas como dor de cabeça, confusão, convulsões e coma. O edema, ou inchaço, ocorre devido ao acúmulo de líquido nos tecidos cerebrais após o TCE. O edema pode aumentar a pressão intracraniana e causar danos neurológicos, sendo um fator importante na gravidade do TCE. A figura 7.5 apresenta a imagem de tomografia de crânio contendo um hematoma.

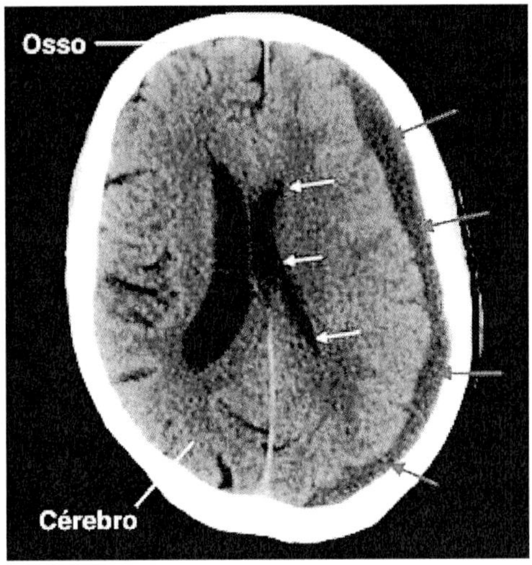

Figura 7.5 – Imagem e tomografia de crânio com presença de hematomas: leve (marcado em amarelo) e profundo (marcado em vermelho). Fonte: Elaborada pelo autor a partir de imagem livre (2024).

As hemorragias podem ocorrer em diferentes áreas do cérebro após um TCE. As hemorragias subdurais são acumulações de sangue abaixo da dura-máter, a membrana que reveste o cérebro. As hemorragias epidurais são acumulações de sangue entre a dura-máter e o crânio. As hemorragias intracerebrais são sangramentos dentro do tecido cerebral. As hemorragias podem causar danos neurológicos severos, dependendo da sua localização e extensão. Essas lesões, leves ou profundas, podem ser identificadas por meio de exames de imagem, como tomografia computadorizada e ressonância magnética, que permitem aos profissionais de saúde visualizarem as fraturas, hematomas, edema e hemorragias, auxiliando no diagnóstico e no tratamento do TCE.

7.16. Acidente Vascular Cerebral (AVC)

O Acidente Vascular Cerebral, também conhecido como derrame, é uma condição médica que ocorre quando o suprimento de sangue para uma parte do cérebro é interrompido, causando danos neurológicos. Essa interrupção pode ser causada por um coágulo sanguíneo que bloqueia um vaso sanguíneo (AVC isquêmico) ou por um vaso sanguíneo rompido que causa sangramento no cérebro (AVC hemorrágico). O AVC pode resultar em uma variedade de sintomas, incluindo fraqueza, paralisia, perda de sensibilidade, dificuldade de fala, confusão e perda de visão, dependendo da área do cérebro afetada (DA SILVA *et al.*, 2023).

O AVC isquêmico é o tipo mais comum de AVC, representando cerca de 85% dos casos. Ocorre quando um coágulo sanguíneo, chamado de trombo, se forma em um vaso sanguíneo do cérebro ou viaja para o cérebro a partir de outra parte do corpo. Esse coágulo bloqueia o fluxo sanguíneo para uma parte do cérebro, causando isquemia, ou falta de oxigênio e nutrientes. A falta de suprimento sanguíneo pode levar à morte das células cerebrais, resultando em um infarto, ou área de tecido cerebral morto.

O AVC hemorrágico ocorre quando um vaso sanguíneo no cérebro se rompe e causa sangramento no tecido cerebral. Esse sangramento pode ser causado por um aneurisma (uma dilatação anormal de um vaso sanguíneo), uma malformação arteriovenosa (uma conexão anormal entre artérias e veias) ou por um aumento da pressão arterial. O AVC hemorrágico pode causar danos neurológicos severos, pois o sangue acumula no cérebro, aumentando a pressão intracraniana e comprimindo o tecido cerebral A figura 7.6 apresenta a imagem de tomografia de crânio com quadro de AVC.

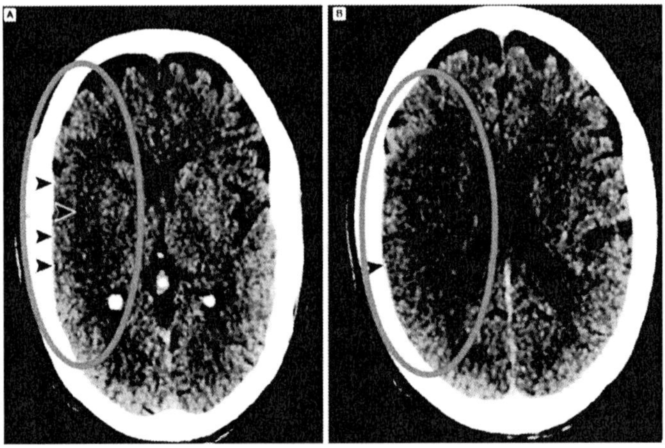

Figura 7.6 – Imagem e tomografia de crânio (A) normal e (B) com presença de AVC. Fonte: Elaborada pelo autor a partir de imagem livre (2024).

As áreas de infarto, ou áreas de tecido cerebral morto, podem ser identificadas por meio de exames de imagem (TC e RM). A TC pode detectar áreas de hipodensidade, que indicam a presença de tecido cerebral morto, enquanto a RM pode fornecer imagens mais detalhadas do cérebro, permitindo a visualização das áreas de infarto e a avaliação da extensão do dano (SARMENTO, 2021). O reconhecimento das características do AVC nas imagens médicas, como áreas de hipodensidade, áreas de hemorragia, edema e a presença de coágulos, permite que os profissionais de saúde identifiquem o tipo de AVC, avaliem a gravidade da lesão e planejem o tratamento mais adequado para o paciente.

Observa-se nas imagens, para o caso de ocorrência de AVC:

- Perda da diferenciação entre a substância branca (SB) e a substância cinzenta (SC);
- Apagamento dos sulcos corticais;
- Apagamento da insula e fissura Sylviana;
- Hipodensidades focais.

Todas essas características de sinais precoces de AVC na TC, circuladas na figura 7.6, estão presentes no hemisfério direito da figura:

- É impossível diferenciar a substância branca e a cinzenta nas regiões mais acometidas;
- Não se consegue definir os sulcos corticais, como é possível no hemisfério esquerdo – ou seja, os sulcos estão "apagados";
- Na figura A, consegue-se ver bem a insula esquerda, mas não se consegue definir a insula direita, que também está "apagada";
- Por fim, a densidade do parênquima cerebral é menor à direita do que à esquerda, o que indica hipodensidade focal.

7.17. Tumores cerebrais

Os tumores cerebrais são massas anormais de células que se desenvolvem no cérebro, podendo ser benignos ou malignos. Os tumores cerebrais podem causar uma variedade de sintomas, dependendo do seu tamanho, localização e tipo, incluindo dores de cabeça, convulsões, fraqueza muscular, dificuldade de fala, alterações visuais e problemas cognitivos. A detecção precoce dos tumores cerebrais é vital para aumentar as chances de tratamento bem-sucedido e melhorar a qualidade de vida do paciente (COSTA JUNIOR, 2023).

As imagens médicas permitem de forma precisa a detecção, localização e caracterização dos tumores cerebrais. A TC e a RM são os exames de imagem mais utilizados para avaliar a presença de tumores cerebrais, fornecendo informações detalhadas sobre a estrutura e a localização da massa tumoral.

Nas imagens, os tumores cerebrais podem apresentar várias características:

- Massa ocupante: Os tumores cerebrais são massas anormais que ocupam espaço dentro do crânio, comprimindo o tecido cerebral e causando deslocamento das estruturas adjacentes. Nas imagens, os tumores aparecem como áreas de hiperdensidade (mais brilhantes) ou hipodensidade (mais escuras), dependendo do tipo de tumor e da técnica de imagem utilizada.
- Edema: O edema é um acúmulo de líquido nos tecidos cerebrais, causado pela inflamação ou pela pressão exercida pelo tumor. Nas imagens, o edema aparece como áreas de hiperintensidade na ressonância magnética e pode ser identificado como um halo de hipodensidade na tomografia computadorizada.
- Efeito de massa: O tumor, ao crescer, exerce pressão sobre as estruturas cerebrais adjacentes, causando deslocamento e deformação dessas estruturas. O efeito de massa pode ser visualizado nas imagens como deslocamento do ventrículo lateral, deslocamento da linha média do cérebro, compressão do tronco encefálico e compressão do espaço subaracnóideo.
- Áreas de realce: Em alguns casos, os tumores cerebrais podem apresentar áreas de realce, ou áreas com maior densidade, após a administração de contraste intravenoso. O contraste ajuda a realçar os vasos sanguíneos e as células tumorais, tornando-as mais visíveis nas imagens.

A figura 7.7 ilustra uma imagem de TC com tumor.

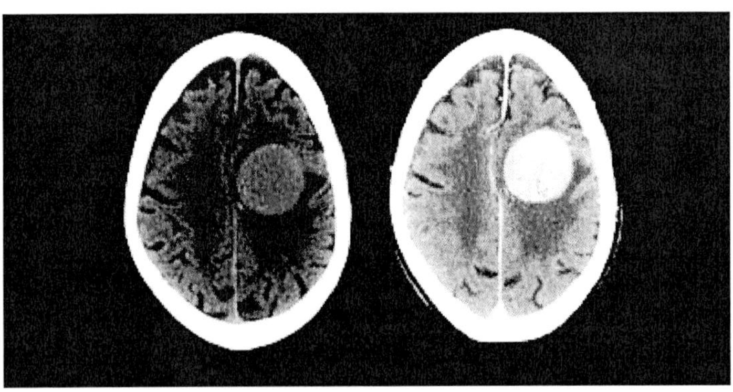

Figura 7.7 – Imagem e tomografia de crânio com tumor cerebral. Fonte: Elaborada pelo autor a partir de imagem livre (2024).

A análise das características dos tumores cerebrais nas imagens, como a presença de massa ocupante, edema, efeito de massa e áreas de realce, permite que os profissionais de saúde identifiquem os tumores cerebrais, determinem sua localização e tipo, avaliem sua extensão e planejem a melhor estratégia de tratamento para cada caso.

7.18. Doenças neurodegenerativas

As doenças neurodegenerativas são um grupo de doenças que causam a deterioração progressiva das células nervosas no cérebro, levando à perda de função e, eventualmente, à morte. Essas doenças afetam o sistema nervoso central, causando uma ampla gama de sintomas, como perda de memória, dificuldades de linguagem, alterações de comportamento, problemas de movimento e declínio cognitivo. Exemplos de doenças neurodegenerativas incluem Alzheimer, Parkinson, esclerose lateral amiotrófica (ELA), doença de Huntington e esclerose múltipla.

A detecção precoce das doenças neurodegenerativas é importante para o tratamento e acompanhamento do paciente, pois, embora não haja cura para a maioria dessas doenças, o tratamento precoce pode ajudar a controlar os sintomas, retardar a progressão da doença e melhorar a qualidade de vida. As imagens médicas, como a ressonância magnética (RM), desempenham um papel importante na identificação e caracterização das alterações cerebrais associadas às doenças neurodegenerativas.

Nas imagens de RM, as doenças neurodegenerativas podem apresentar diversas características, incluindo:

- Atrofia cortical: A atrofia cortical é a perda de tecido cerebral na região do córtex, que é a camada mais externa do cérebro responsável por funções cognitivas complexas, como linguagem, memória e raciocínio. Nas imagens de RM, a atrofia cortical pode ser observada como um afinamento do córtex cerebral, com aumento do tamanho dos ventrículos cerebrais.

- Alterações na substância branca: A substância branca é composta por axônios, que são as fibras nervosas que conectam diferentes áreas do cérebro. As doenças neurodegenerativas podem causar alterações na substância branca, como desmielinização (perda de mielina, a bainha que envolve os axônios) e alterações na estrutura dos axônios. Nas imagens de RM, essas alterações podem ser observadas como áreas hipodensas na substância branca, que podem estar associadas a um declínio cognitivo, dificuldades de memória e problemas de movimento.
- Lesões hipodensas: As lesões hipodensas são áreas no cérebro que apresentam menor intensidade de sinal na imagem de RM, indicando uma diminuição na densidade dos tecidos cerebrais. Essas lesões podem ser indicativas de atrofia, desmielinização, isquemia ou outras alterações degenerativas.

A figura 7.8 ilustra uma imagem de TC com quadro presente de esclerose múltipla.

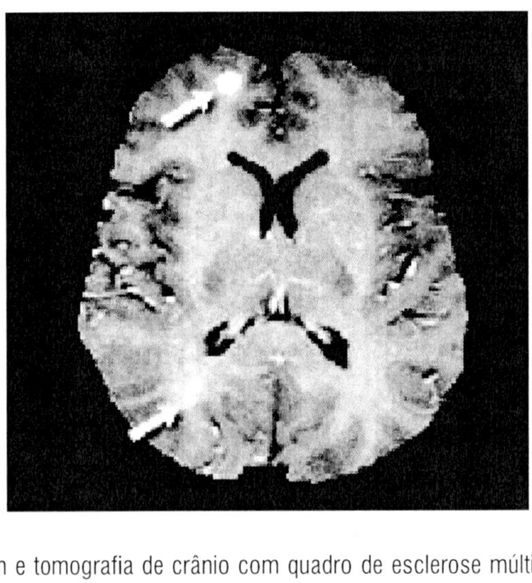

Figura 7.8 – Imagem e tomografia de crânio com quadro de esclerose múltipla. Fonte: Elaborada pelo autor a partir de imagem livre (2024).

A interpretação das alterações cerebrais nas imagens de RM, como a atrofia cortical, as alterações na substância branca e as lesões hipodensas, em conjunto com a avaliação clínica do paciente, permite o diagnóstico de doenças neurodegenerativas e o acompanhamento da progressão da doença ao longo do tempo, auxiliando na escolha da melhor estratégia de tratamento e na otimização dos cuidados com o paciente.

7.19. Infecções do Sistema Nervoso Central

As infecções do sistema nervoso central são doenças graves que podem causar inflamação e danos ao cérebro e à medula espinhal. Essas infecções podem ser causadas por bactérias, vírus, fungos ou parasitas, e podem levar a uma variedade de sintomas, incluindo febre, dor de cabeça, rigidez na nuca, náusea, vômito, confusão, convulsões e coma. A detecção precoce e o tratamento adequado das infecções do SNC são essenciais para prevenir complicações graves e garantir a recuperação do paciente.

As imagens médicas, como a tomografia computadorizada e a ressonância magnética, são ferramentas importantes para diagnosticar infecções do SNC, permitindo que os profissionais de saúde visualizem as alterações no cérebro e na medula espinhal. Essas imagens podem mostrar sinais de inflamação, como edema, áreas de realce e a presença de abscessos. Alguns dos tipos mais comuns de infecções do SNC que podem ser visualizados por meio de imagens médicas, são:

- Abscessos: Os abscessos são coleções de pus que se formam no cérebro ou na medula espinhal, geralmente como resultado de uma infecção bacteriana. Nas imagens de TC e RM, os abscessos aparecem como áreas de hiperintensidade, geralmente com um halo de edema ao redor.
- Meningite: A meningite é uma inflamação das meninges, as membranas que envolvem o cérebro e a medula espinhal. A meningite pode ser causada por bactérias, vírus, fungos ou outros microrganismos. Nas imagens de TC e RM,

a meningite pode ser observada como um espessamento das meninges e a presença de líquido no espaço subaracnóideo, além de edema no cérebro.

- Encefalite: A encefalite é uma inflamação do tecido cerebral, geralmente causada por um vírus. Nas imagens de TC e RM, a encefalite pode apresentar áreas de hipodensidade no cérebro, além de edema e realce do tecido cerebral após a injeção de contraste.

A figura 7.9 ilustra uma imagem de TC com quadro presente de meningite.

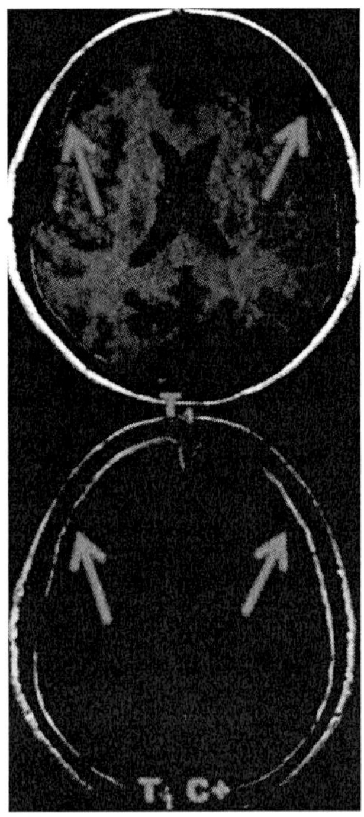

Figura 7.9 – Imagem e tomografia de crânio com quadro de meningite. Fonte: Elaborada pelo autor a partir de imagem livre (2024).

A análise das características das infecções do SNC nas imagens, como a presença de abscessos, o espessamento das meninges, o edema e as áreas de realce, permite que os profissionais de saúde identifiquem as infecções do SNC, determinem sua localização e tipo e planejem o melhor tratamento para cada caso. O diagnóstico preciso e o tratamento adequado das infecções do SNC são cruciais para evitar complicações graves e garantir a recuperação do paciente.

7.20. Doenças desmielinizantes

As doenças desmielinizantes são um grupo de doenças que afetam o sistema nervoso central, causando a destruição da mielina, a bainha de gordura que envolve os axônios (fibras nervosas) e permite a rápida transmissão de impulsos nervosos. A perda da mielina interrompe a transmissão de sinais nervosos, resultando em uma variedade de sintomas, como fraqueza muscular, perda de sensibilidade, problemas de coordenação, dificuldades de fala e visão turva. É exemplo de doença dessa natureza a leucodistrofia, que também pode afetar a mielina.

A detecção precoce das doenças desmielinizantes é fundamental para o tratamento e o acompanhamento do paciente, pois a identificação da doença em estágios iniciais permite a intervenção com terapias que podem retardar a progressão da doença e minimizar a perda de função. As imagens médicas, principalmente a RM, são essenciais para o diagnóstico e o acompanhamento das doenças desmielinizantes.

Nas imagens de RM, as doenças desmielinizantes podem apresentar diversas características. A análise das características das doenças desmielinizantes nas imagens de RM, como a presença de lesões hipodensas na substância branca e as áreas de realce, permite que os profissionais de saúde identifiquem a doença, avaliem sua extensão e atividade, e acompanhem sua progressão ao longo do tempo, auxiliando no planejamento do tratamento e na otimização dos cuidados com o paciente. A figura 7.10 apresenta uma imagem de RM com quadro de leucodistrofia.

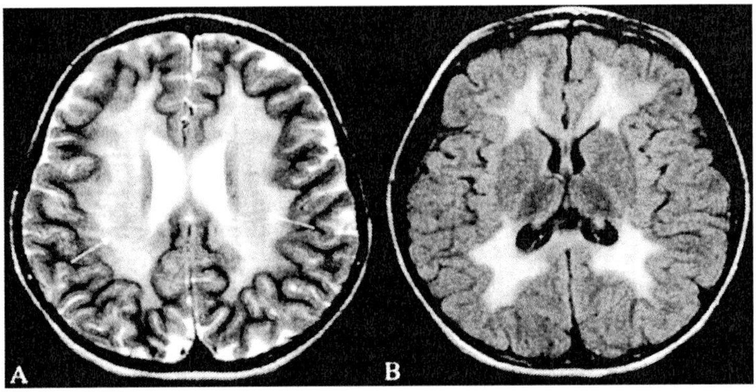

Figura 7.10 – Imagem de tomografia de crânio com quadro de leicodistrofia. Em (A), observa-se hiperintensidade na substância branca periventricular, ao passo que em (B) observa-se hiperdensidade na substância branca supratentorial subcortical (B), o que pode ajudar a confirmar o diagnóstico laboratorial de leucodistrofia. Fonte: Elaborada pelo autor a partir de imagem livre (2024).

7.21. Técnicas de Detecção de Patologias

A detecção precisa de patologias em imagens médicas do cérebro exige a aplicação de técnicas avançadas de processamento de imagens que permitam identificar alterações sutis e complexas, muitas vezes invisíveis ao olho humano. A área de processamento de imagens médicas se dedica a desenvolver algoritmos e métodos computacionais para analisar e interpretar imagens médicas, auxiliando os profissionais de saúde na tomada de decisões mais precisas e eficientes.

Nesta seção, exploraremos algumas das principais técnicas utilizadas para a detecção de patologias em imagens cerebrais, incluindo técnicas de segmentação para delimitar regiões de interesse, algoritmos de detecção de anomalias e padrões, e métodos de classificação para determinar a presença ou ausência de patologias. Abordaremos também o uso crescente de aprendizado de máquina e inteligência artificial para a análise de imagens médicas, ferramentas que prometem revolucionar o diagnóstico e o tratamento de doenças cerebrais.

7.22. Segmentação

A segmentação de imagens é uma etapa essencial no processamento de imagens médicas, fundamental para a detecção precisa de patologias e para a análise quantitativa de estruturas e regiões de interesse. O objetivo da segmentação é delimitar e isolar objetos ou regiões específicas dentro da imagem, separando-os do fundo e de outras estruturas adjacentes. Essa técnica permite que os profissionais de saúde se concentrem em áreas específicas da imagem para análise e diagnóstico, ignorando informações irrelevantes.

Existem diversas técnicas de segmentação de imagens, cada uma com seus próprios princípios e aplicações específicas. Destaca-se nesse contexto a limiarização, que consiste em definir um limiar de intensidade para separar os pixels da imagem em duas classes (acima ou abaixo de um dado limiar), sendo mantidos os pixels de um grupo e descartados os pixels do outro grupo. Essa técnica é simples e rápida, mas pode ser imprecisa em imagens com alto nível de ruído ou com variações de intensidade dentro do objeto de interesse. Outra técnica interessante é a de clusterização, que agrupa pixels com características semelhantes em clusters, utilizando algoritmos como K-means ou Fuzzy C-means. Cada cluster representa uma região específica da imagem, como um tumor ou um órgão, e a segmentação é realizada identificando os clusters que correspondem ao objeto de interesse.

A escolha da técnica de segmentação mais adequada depende da aplicação específica, da qualidade da imagem e das características do objeto de interesse. As técnicas de segmentação devem ser escolhidas cuidadosamente para garantir a precisão e a confiabilidade da análise das imagens, impactando diretamente a qualidade do diagnóstico e o tratamento do paciente.

7.23. Detecção de Anomalias - Análise de textura, detecção de bordas, análise de contraste.

A detecção de anomalias em imagens médicas é um passo fundamental para a identificação de possíveis patologias, especialmente em imagens cerebrais, onde as alterações podem ser sutis e difíceis de serem percebidas a olho nu. A detecção de anomalias se baseia na identificação de padrões ou características que se desviam do padrão normal esperado na imagem, sinalizando a possível presença de uma doença.

Existem diversas técnicas para a detecção de anomalias em imagens médicas, cada uma explorando diferentes características da imagem, como:

- Análise de texturas: A análise de texturas busca identificar alterações na característica textural da imagem, como padrões de repetição, homogeneidade e irregularidade. Por exemplo, um tumor pode apresentar textura irregular, enquanto um tecido cerebral normal apresenta textura mais homogênea. Algoritmos de análise de textura podem ser utilizados para identificar áreas com alteração textural, sinalizando a possível presença de uma patologia.
- Detecção de bordas: A detecção de bordas identifica mudanças abruptas de intensidade nas imagens, que podem indicar a presença de bordas de objetos ou de alterações na estrutura tecidual. Essa técnica é frequentemente utilizada para identificar a presença de tumores, áreas de infarto ou outras alterações estruturais no cérebro.
- Análise de contraste: A análise de contraste avalia as diferenças de intensidade entre as diferentes regiões da imagem. Alterações no contraste podem indicar a presença de áreas de hiperintensidade ou hipodensidade, que podem ser sinais de patologias.

A combinação de diferentes técnicas de detecção de anomalias pode aumentar a precisão e a confiabilidade dos resultados, permitindo a identificação de alterações sutis e complexas que podem passar despercebidas a olho nu. Essas técnicas, em conjunto com a expertise médica, podem auxiliar na tomada de decisões mais precisas e eficientes, contribuindo para a melhoria dos cuidados com a saúde dos pacientes.

7.24. Estudo de Caso

Como exemplo da aplicação do processamento de imagens para detecção de patologias cerebrais, toma-se um estudo de caso de paciente, descrito a seguir (Figura 7.11).

- Paciente: Maria (nome fictício), 65 anos, apresentando sintomas como fraqueza no braço esquerdo e dificuldade de falar.
- Exames: Foi realizada uma tomografia computadorizada de crânio para avaliar a situação.
- Desafio: A análise da imagem da TC é complexa, exigindo grande expertise do médico para identificar sinais sutis de AVC, como áreas de hipodensidade no cérebro.
- Solução: Um sistema de IA, treinado com milhares de imagens de TC de pacientes com e sem AVC, analisou a imagem de Maria. O sistema identificou uma área de hipodensidade no hemisfério esquerdo, compatível com um AVC isquêmico.

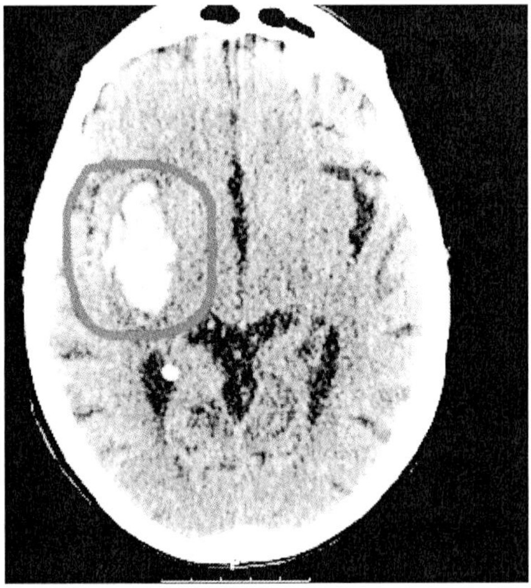

Figura 7.11 – Imagem de tomografia com paciente vítima de AVC (2024). Fonte: Elaborada pelo autor a partir de imagem cedida de exame (2024).

Como benefícios da aplicação de imagens de tomografia no diagnóstico, destacam-se:

- Diagnóstico rápido: A IA auxiliou na identificação do AVC de forma rápida e precisa, permitindo que o tratamento fosse iniciado imediatamente, reduzindo o risco de danos cerebrais.
- Precisão: O sistema de IA minimizou a chance de erros humanos na interpretação da imagem, garantindo um diagnóstico mais confiável.
- Eficiência: A análise automatizada da imagem liberou tempo do médico para se dedicar a outros aspectos do atendimento do paciente.

O caso de Maria demonstra o potencial da IA para auxiliar na detecção precisa e rápida de AVCs, contribuindo para a melhoria do tratamento e da recuperação do paciente.

7.25. Considerações Finais

O diagnóstico preciso de patologias cerebrais é fundamental para o tratamento adequado e a recuperação do paciente, visto que o cérebro é o órgão mais complexo do corpo humano. As imagens médicas, como TC, RM e PET, permitem visualizar o cérebro em diferentes níveis de detalhe, revelando alterações que podem indicar a presença de doenças. No entanto, a detecção de patologias em imagens cerebrais enfrenta desafios consideráveis, como a variabilidade anatômica individual, a diversidade de patologias com diferentes manifestações e a presença de ruídos e artefatos nas imagens.

Avanços no processamento de imagens médicas, em particular com o uso de algoritmos de aprendizado de máquina e inteligência artificial, estão revolucionando a análise de imagens cerebrais, prometendo diagnósticos mais precisos e rápidos. O processamento de imagens médicas envolve uma série de operações matemáticas e computacionais aplicadas às imagens para realçar características relevantes, reduzir ruído, corrigir distorções, segmentar regiões de interesse e extrair informações quantitativas.

Nesse contexto, as técnicas de segmentação, detecção de anomalias e padrões, e classificação de imagens são ferramentas essenciais para a detecção precisa de patologias. A segmentação de imagens permite delimitar regiões de interesse, enquanto a detecção de anomalias identifica padrões ou características que se desviam do padrão normal esperado, e a classificação de imagens atribui uma classe ou categoria específica a uma imagem com base em suas características visuais.

Apesar dos avanços tecnológicos, a interpretação final das imagens ainda depende do profissional de saúde, que deve analisar as imagens em conjunto com a história clínica do paciente e realizar o diagnóstico de forma precisa e responsável. O conhecimento profundo da anatomia e fisiologia do cérebro, além da familiaridade com as diferentes patologias e suas manifestações nas imagens, é fundamental para a realização de diagnósticos precisos e tratamentos eficazes.

Referências Bibliográficas

BAKAR B, *et al*. **Hematoma subdural agudo potencialmente fatal após anestesia combinada raqui-peridural em parto**. Revista Brasileira de Anestesiologia. Vol 65(5), pp. 417-420, 2015.

COSTA JUNIOR, Francisco Valdemi Leal. **O uso de aprendizado profundo na classificação de ressonâncias magnéticas para detecção de tumor cerebral**. 2023. Rev Bras Anestesiol. 2014. http://dx.doi.org/10.1016/j.bjan.2013.07.002.

DA SILVA, Patrícia Borges *et al*. **Diagnóstico por Imagem do Aneurisma de Artéria Cerebral: uma Revisão Integrativa**. Revista Foco, v. 16, n. 11, p. e3740--e3740, 2023.

SARMENTO, Roger Moura. **Detecção e Classificação de Acidente Vascular Cerebral em Imagens de Tomografia Computadorizada por Extração de Características com Base na Análise Adaptativa da Vizinhança e Estimação de Parzen**. Tese de Doutorado. Universidade Federal do Ceará – UFC. Fortaleza, 2021.

VITOR, Taise; MARTINS, Karine Minaif; IONESCU, Tudor Mihai; CUNHA, Marcelo Livorsi da; BARONI, Ronaldo Hueb; GARCIA, Marcio Ricardo Taveira; WAGNER, Jairo; CAMPOS NETO, Guilherme de Carvalho; NOGUEIRA, Solange Amorim; GUERRA, Elaine Gonçalves; AMARO JUNIOR, Edson. **PET/RM: um novo método de imagem híbrida. Principais indicações clínicas e experiência preliminar no Brasil**. Einstein (São Paulo), v. 15, n. 1, p. 115-118, jan. 2017. https://doi.org/10.1590/S1679-45082017MD3793.

8

Internet das Coisas – Conceitos e suas Características

Cléber Silva Ferreira da Luz
Universidade Cruzeiro do Sul
clebersferreira@gmail.com

Resumo

Atualmente, estamos vivendo um momento único, marcado pela constante evolução da sociedade. É notório que a sociedade vive em constante desenvolvimento. Entretanto, nos últimos anos, essa evolução se deu em passos largos. Isso porque, após o surgimento da Internet, a quantidade de informação e dados trafegados na rede, aumentou de forma surpreendente. A busca pela informação leva ao conhecimento e o conhecimento transforma a sociedade. Atualmente, vivemos em uma sociedade totalmente tecnológica, cercados por equipamentos eletrônicos 24 horas por dia. Essa imensidão de dados trafegando pela Internet e todos esses aparatos tecnológicos que utilizamos diariamente permite que as pessoas tenham um maior conforto no seu dia a dia e também, realizam grandes revoluções nas sociedades atualmente. A todo o momento, surgem novos equipamentos, métodos, conceitos e ferramentas para lidar com todo esse aparato de tecnologia e com essa massiva quantidade de dados. Um conceito inovador que surgiu recentemente, é o IoT (Internet of Things), que vem ganhando mais espaço em nosso dia a dia. Em meio a um cenário onde milhões de dados trafegam pela rede IoT surge como uma opção inovadora de conectar uma gama de equipamentos eletrônicos. O objetivo principal do IoT é conectar os mais diversos equipamentos eletrônicos, permitindo que os mesmos troquem dados entre si, a fim de fornecer algum bem-estar para as pessoas. Neste capítulo, iremos "mergulhar" no mundo do IoT e compreender como essa tecnologia inovadora está revolucionando o mercado de tecnologia.

Palavras-chaves:

IoT, Computação, Tecnologia, Dados

8.1. Introdução

Na busca pelo saber, a tecnologia se tornou a força motriz da humanidade. É imensurável os benefícios e avanços que a tecnologia trouxe para a humanidade. Hoje as pessoas são mais conectadas e possuem informações na palma da mão. O avanço tecnológico tem sido um dos principais impulsionadores de mudanças significativas no mundo. Nos últimos anos, a evolução da tecnologia tem revolucionado diversos setores da sociedade, modificando a maneira como vivemos, trabalhamos e nos relacionamos.

Entre as áreas mais impactadas pelo avanço tecnológico é a comunicação. A internet revolucionou a forma como nos conectamos com outras pessoas ao redor do globo. Podemos trocar informações, compartilhar experiências e estabelecer laços com indivíduos de culturas e países diferentes, em tempo real. Essa interconexão global trouxe oportunidades incríveis.

Podemos observar ainda que, as pessoas vivem com seus *smartphones* na mão, a todo o momento, acessando as mais diversas redes sociais. É notório também que as redes sociais emergiram como uma força transformadora na sociedade, redefinindo a forma como nos comunicamos, compartilhamos informações e interagimos uns com os outros. Além de acessar redes sociais, as pessoas realizam, compras e efetuam pagamentos. É verídico que a tecnologia trouxe muitos benefícios e conforto para as pessoas.

É fácil concluir que, a internet foi a grande propulsora na conectividade humana. Essa conectividade acarreta na geração de dados em grande escala. O processamento de dados permite a extração de informações importantes, que são utilizadas pela empresa, para melhorar a tomada de decisão da organização. Podemos dizer ainda que, a análise de dados se tornou a força motriz tecnológica nos últimos anos. Cada dia mais, empresas criam setores focadas em análise de dados, visando aumentar a efetividade e eficiência dos negócios em suas operações.

Assim, a tecnologia da Informação, vem se tornando fundamental para auxiliar nas tomadas de decisões ao proporcionar recursos computacionais para análises mais assertivas em grandes volumes de dados utilizando-se da descoberta de padrões e classificações. Embora a área de Tecnologia da Informação em grande parte não é o produto ou serviço final de uma empresa, ela tem influência determinante no sucesso das organizações.

Não há como negar que novas tecnologias, linguagens de programação e soluções estão sendo desenvolvidas a todo o momento e essa característica requer que um profissional de TI evolua também compreendendo como as áreas específicas se integram e quais recursos de cada uma delas podem ser usados para se atingir o melhor resultado.

O mercado de trabalho na área de tecnologia está cada vez mais necessitando de profissionais flexíveis e adaptáveis às mudanças. A todo momento as empresas precisam alterar suas estratégias, projetos são ganhos outros cancelados, novas equipes podem ser constituídas, ou seja, a dinâmica é bastante ativa e o profissional dessa área deve se adaptar a elas rapidamente.

Há necessidade de profissionais que estruturem essas informações e a partir desses dados extraiam conhecimento de diversas fontes de dados pela aplicação ou criação de programas de computador com a utilização de linguagem de programação, envolvendo modelos que possibilitem predizer resultados ou gerem classificações, permitindo a tomada de decisões mais assertivas por parte dos gestores das organizações, preenchendo uma lacuna existente no cenário mercadológico. Como já mencionado, a internet e as tecnologias usadas em sua evolução como computação móvel, ubíqua e adaptativa, mudaram a forma como nos comunicamos e agimos, um volume muito grande de dados são gerados em redes sociais e variados tipos de sites.

A nova tecnologia celular 5G vai possibilitar melhor e muito mais conexões de equipamentos viabilizando o **IoT (Internet das Coisas)** que promete gerar muito mais dados trafegados pela internet e sendo armazenados para uso.

Vivemos em uma era tecnológica, cercados de equipamentos e dispositivos eletrônicos 24 horas por dia. Seja por uma câmera de segurança, por um *smartphone*, ou até mesmo, em um momento de descontração, assistindo um filme em uma *Smart* Tv. Todavia, a questão é que a tecnologia está inserida no cotidiano das pessoas. Podemos dizer ainda que, com o passar dos anos as pessoas têm utilizado cada vez mais equipamentos eletrônicos para tudo em suas residências e trabalho. Através de equipamentos e dispositivos eletrônicos, a tecnologia faz parte do dia a dia das pessoas.

Podemos dizer ainda que, com o passar dos anos as pessoas têm utilizado cada vez mais equipamentos eletrônicos para tudo em suas residências, desde os mais comuns e necessários como geladeiras e micro-ondas, como equipamentos para lazer, como televisões e rádios. Recentemente surgiu a tecnologia de **IoT** (*Internet of Things*), com seu uso crescendo mundialmente de forma constante foi notado que há a possibilidade de prover algum equipamento ou dispositivo que abrangesse essa tecnologia.

8.2. Internet of Things

Internet of Things ou simplesmente, Internet das Coisas é um conceito inovador. Um primeiro contato com esse termo pode ser difícil de entendê-lo, e até mesmo, soar um pouco estranho. Entretanto, ao compreendermos os termos separadamente, conseguimos compreender de forma mais simples, o "*Things*", se refere a objetos, mas especificamente, aparelhos eletrônicos. Já "Internet" se refere a uma rede de comunicação entre os aparelhos eletrônicos. *Things* pode ser compreendido como microcomputadores, na pureza da palavra, ou ainda, uma máquina complexa e inteligente que implementa aplicações que podem ser extremamente avançadas (MORAES; HAYASHI, 2021).

Podemos definir IoT como sendo uma rede de dispositivos eletrônicos conectados pela internet, que podem ser controlados remotamente e coletam dados de seus usuários e do ambiente ao seu redor. O objetivo principal desta rede de dispositivos eletrônicos conectados é principalmente, coletar e trocar dados para se obter informações visando trazer algum benefício para os usuários. Observamos ainda que, esses dispositivos incluem desde *smartphones* e computadores, até dispositivos inteligentes, como termostatos, eletrodomésticos, câmeras de segurança, sensores de tráfego, entre outros.

Em outras palavras, o IoT pode ser visto como uma interconexão de dispositivos físicos, máquinas e objetos do dia a dia, que estão equipados com sensores e/ou atuadores, e possuem a capacidade de trocar dados através da internet. O que impressiona muitas pessoas, é que esses dispositivos podem ser tão simples quanto um sensor de temperatura ou tão complexos como um carro autônomo. A capacidade de coletar dados, processá-los e tomar decisões torna a IoT uma tecnologia extremamente versátil e poderosa.

Vamos expor um exemplo simples, já imaginou você acordar de manhã com o seu celular despertando, e ao mesmo tempo em que ele toca um som para te acordar, o mesmo envia uma mensagem para a sua cafeteira fazer o seu café. A cafeteira por sua vez, envia uma mensagem para a sua torradeira torrar o seu pão, e que também, envia uma mensagem para a sua televisão ligar e colocar no seu canal preferido. Bom, aqui temos um exemplo clássico de IoT, equipamentos eletrônicos conectados pela internet e trocando dados e informações a fim de, trazer benefícios para os usuários.

Para (MORAES; HAYASHI, 2021), os aparelhos eletrônicos usados em IoT são pequenos computadores ou microcomputadores que trocam dados conectados à internet e alguma nuvem, visando trazer algum benefício ou facilidade na vida das pessoas.

A essência do IoT consiste em trazer conforto e benefícios para o dia a dia das pessoas, diminuindo o stress, e aumentando a qualidade de vidas das pessoas. Em (MORAES; HAYASHI, 2021) consta "*IoT colabora para trazer conforto ao nosso cotidiano estressante, em especial nas grandes metrópoles, a comodidade de, através do seu dispositivo móvel, poder acionar outros em sua casa para controlar a climatização (ar-condicionado), monitorar remotamente sua residência através de câmeras inteligentes e dispositivos avançados, como sensores de presença, controle de iluminação e tantas milhares de aplicações que estão presentes no conceito de casas inteligentes*".

O IOT possui uma gama de usos e utilidades, com foco nas tecnologias de *smart home*, o agendamento de tarefas como preparar café e automatização de outras tarefas como abrir o portão da garagem quando o proprietário chegar são ótimos exemplos dessa tecnologia.

O mercado de IoT vem crescendo muito nos últimos anos e isso faz com que sua relevância e presença na vida das pessoas torne-se cada vez mais natural e imperceptível. Relógios inteligentes podem ser considerados como itens comuns hoje em dia, por conta de suas inúmeras funções e integrações. Esse contexto mostra o quanto o mercado de IoT está crescendo não só no Brasil, mas em todo o mundo. Tendo em vista, a grande importância do IoT. Um verdadeiro nicho que necessita muito de profissionais qualificados.

Um profissional para atuar no mercado de trabalho com projetos de IoT deve:

- Ter formação para atuar em projetos de tecnologias;
- Ter formação que possibilite gerar modelos para predizer resultados ou gerar classificações, permitindo a tomada de decisões mais assertivas por parte dos gestores das organizações;
- Desenvolver habilidades e as competências necessárias ao desenvolvimento do projeto lógico e físico de IoT, além de conhecer em nível avançado as linguagens de programação;
- Desenvolver habilidades e competências para propor soluções e resolver problemas;
- Ser capaz de atuar em projetos que utilizem metodologias e ferramentas relacionadas às técnicas de IoT;
- Trabalhar a capacidade de desenvolver programas de computador, banco de dados e inteligência artificial, voltados para a IoT;
- Ter capacidade de acompanhar os desenvolvimentos tecnológicos recentes e inovadores na área da tecnologia da informação;
- Ter consciência da necessidade de aprimorar constantemente seus conhecimentos e habilidades pela formação continuada;
- Saber se comunicar bem com outros setores e a própria equipe além de se relacionar bem com todos.

8.3. Essência do IoT

A essência do IoT é a **automatização de tarefas**. Podemos observar que a sua aplicabilidade sempre envolve alguma tarefa desenvolvida por um ser humano. Esse é o grande benefício do IoT, trazer benefícios para os seres humanos, automatizando as mais diversas tarefas do ser humano, principalmente, aquelas rotinas "chatas" e "repetitivas".

Criado em 1999 por Kevin Ashton, no Laboratório de MIT, IoT se refere a um termo inovador que objetiva conectar todos os dispositivos eletrônicos. Um projeto de IoT funciona através de uma rede de dispositivos eletrônicos interconectados que coletam e transmitem dados através de uma variedade de tecnologias sem fio, geralmente por uma rede de internet com dispositivos de Wi-Fi. Normalmente, estes dispositivos possuem sensores que medem temperatura, umidade, pressão, luz e outros fatores ambientais, bem como câmeras e dispositivos de áudio e vídeo que capturam informações do mundo físico.

Em (MASCHIETTO; VIEIRA; TORRES; 2021) consta: "*O mundo está mudando muito depressa, e a internet faz parte de nossas vidas. Geladeiras conectadas à web e casas inteligentes já não são utopia. A quantidade de cidades inteligentes cresce exponencialmente. Cada vez mais dependemos dessa interconexão digital de objetos que nos rodeiam. Assim, as organizações e até mesmo nossa vida cotidiana nunca mais serão as mesmas. Precisamos estar preparados para essas mudanças, e a presença cada vez maior desses dispositivos já sinaliza uma necessidade: profissionais capazes de impulsionar as estratégias de internet das coisas (Internet of Things — IoT) nas empresas.*"

Ao longo deste texto, discutiremos como a IoT funciona, as oportunidades e desafios que ela apresenta, bem como as aplicações atuais e futuras dessa tecnologia.

8.4. Modos operantes da IoT

Geralmente, aplicações de IoT possuem os seguintes elementos:

- **Dispositivos eletrônicos**: aparelhos eletrônicos que realizaram uma ação quando receber um estímulo. Essa ação sempre muda o ambiente em que ele se encontra.

- **Rede de comunicação de dados**: habitualmente, a internet é usada para a troca de mensagens e dados. Entretanto, pode se utilizar outras formas de comunicação e troca de dados, tal como o bluetooth.
- **Sensores**: são equipamentos que são capazes de identificar mudanças em seu ambiente, ao receber estímulos e
- **Nuvem**: os dados coletados são enviados para a nuvem, onde, sempre há um software que realiza o processamento dos dados e envia uma mensagem para um dispositivo eletrônico.
- **Softwares**: tanto na nuvem, como nos dispositivos deve ser executado um software para a realização tarefa.
- **Consumidor**: o consumidor (usuário final) compartilha informações úteis com serviços e outras pessoas.

Os dados coletados por esses dispositivos são transmitidos para a nuvem, onde podem ser armazenados e processados em tempo real. Os dados podem ser analisados para extrair informações úteis, como tendências de consumo, padrões climáticos e comportamentos do usuário. As informações obtidas a partir da análise desses dados podem ser usadas para criar produtos e serviços personalizados, melhorar a eficiência operacional e tomar decisões mais informadas.

A Figura 8.1 ilustra a comunicação de dados em uma aplicação de IoT

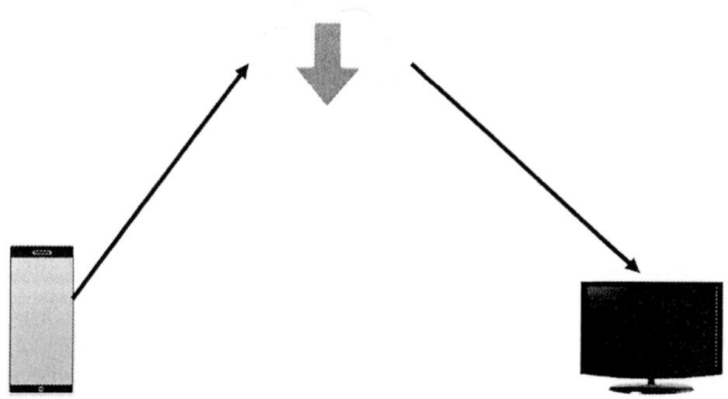

Figura 8.1: Comunicação de dados na IoT. Fonte: Próprio autor

Sobre os desafios do IoT, podemos observar que, a partir do crescimento exponencial do IoT, surgem desafios e questões de segurança. No momento, a privacidade dos dados é uma das maiores preocupações, já que dispositivos conectados coletam informações pessoais constantemente. Já a segurança cibernética também se torna uma questão crítica, pois dispositivos vulneráveis podem ser explorados por hackers. É essencial implementar medidas de segurança robustas para proteger tanto os dados quanto os usuários da IoT.

A falta de interoperabilidade entre dispositivos de diferentes fabricantes é um dos principais obstáculos para o crescimento da IoT. Para o sucesso das aplicações de IoT é importante a padronização para garantir que os dispositivos possam se comunicar e trabalhar em conjunto de maneira harmoniosa. Diversas organizações e alianças estão trabalhando no desenvolvimento de padrões comuns, visando promover a adoção mais ampla da IoT.

8.5. Indústria 4.0 e IoT

Para muitos autores na literatura, a revolução tecnológica industrial se consolidou com o surgimento da indústria 4.0, pois inovou a produção industrial. A Indústria 4.0 é muito mais do que um simples conceito ou conjunto de tecnologias; é uma mudança que está redefinindo as estratégias e processos de negócios em todas as indústrias. A indústria 4.0 é considerada a Quarta Revolução industrial.

A indústria 4.0 pode ser vista como uma expressão inovadora, que engloba muitas tecnologias, visando a automação de tarefa e a troca de dados entre os equipamentos. O foco da indústria 4.0 consiste na melhoria da eficiência e produtividade dos processos de indústria. Aqui, inovamos com automatização de tarefas repetidas, que serão realizadas sem a interferência humana.

Com o surgimento da indústria 4.0 surgiu as chamadas Fabricantes Inteligentes que possuem sistemas ciber-físicos que monitoram os processos físicos, criam uma cópia virtual do mundo físico e tomam decisões descentralizadas. IoT está presente na essência da indústria 4.0, possibilitando que máquinas e dispositivos se comuniquem entre si e com as pessoas. O processo possui sensores, atuadores e dispositivos conectados que coletam dados em tempo real, realizando também, uma monitorização e análise precisa de todos os outros processos produtivos. Com esses procedimentos, a tomada de decisão se torna mais assertiva e ágil, baseada em informações atualizadas e reduzindo a presença de falhas e erros, e consequente, otimiza a utilização dos recursos e equipamentos.

A utilização do IoT na indústria 4.0 pode acarretar em uma vasta gama de oportunidades para a agregação de valores aos clientes e aumento da produtividade nos processos industriais. IoT traz inúmeros benefícios na indústria 4.0, entretanto, é necessário um alto investimento, sem o qual, o projeto pode ser um fracasso.

Além do IoT, a indústria 4.0 também utiliza Computação em Nuvem, como forma de processar e armazenar os dados. A Computação em nuvem possui a capacidade de armazenar e processar uma quantidade massiva de dados de forma escalável. A utilização da Computação em Nuvem também possibilita que as empresas melhorem o controle sobre a gestão de informações, além de melhorar o acesso remoto e seguro aos sistemas e dados, aumentando a flexibilidade e a mobilidade no processo de produção. A produção sob demanda, a manutenção preditiva e a customização em massa são apenas algumas das inovações que a IoT traz para a indústria.

Na indústria 4.0 a presença da Inteligência Artificial é essencial. Entre os vários métodos, ferramentas e conceitos de IA, o conceito de Machine Learning é um conceito totalmente presente na indústria 4.0. Esse conceito permite que sistemas adquirem inteligência e consiga realizar tarefas que até então, somente as pessoas conseguiam realizar com êxito. Com a inteligência adquirida, os equipamentos e sistemas se tornam mais autônomos, capazes de aprender e melhorar suas próprias operações com o tempo, tornando a produção mais eficiente e autossuficiente.

A indústria 4.0 é um conceito que inova a cada dia, e utiliza diversas tecnologias. Outra tecnologia que é presença marcante na indústria 4.0 é a realidade aumentada. Esta possui um papel importante, permite que os operadores e técnicos tenham acesso a informações em tempo real, através de projeções digitais sobrepostas ao ambiente físico. Possibilitando assim, a integração entre o mundo físico e o mundo digital e aumenta a precisão e agilidade nas atividades industriais, desde manutenção até treinamento de funcionários.

São diversos os benefícios que a indústria fornece, podemos citar, o aumento da produtividade, redução de custos operacionais, diminuição de erros e desperdícios, além de uma maior personalização de produtos, são apenas algumas das vantagens. Podemos mencionar ainda que, a sustentabilidade é favorecida, uma vez que a otimização dos recursos e a maior eficiência energética são objetivos intrínsecos ao modelo da Indústria 4.0.

Como desafios, a indústria 4.0 pode se deparar com questões de seguranças cibernética, privacidade de dados e a necessidade de novas habilidades e qualificações por parte dos trabalhadores são alguns dos obstáculos a serem superados. É importante observar que, a transição para essa nova era exige uma adaptação cuidadosa e investimentos em infraestrutura e capacitação.

8.6. Big Data e IoT

É notório o crescimento exponencial no volume de dados gerados pelas interações humanas e máquinas. Ainda, a proliferação da Internet das Coisas (IoT) tem transformado objetos cotidianos em dispositivos inteligentes conectados, capazes de coletar e transmitir dados em tempo real. Podemos observar que, a convergência entre essas duas revoluções tecnológicas, Big Data e IoT, tem o potencial de moldar significativamente o futuro da sociedade e da economia (MORAIS; GONÇALVES; LEDUR, 2018).

Atualmente, IoT é um conceito inovador que trouxe consigo uma infinidade de dispositivos inteligentes, desde eletrodomésticos até sensores industriais e veículos conectados. Esses equipamentos estão constantemente coletando dados, gerando uma quantidade massiva de dados. Devemos observar que, por si só, esses dados brutos podem ser insignificantes, mas é quando são processados e analisados que se tornam verdadeiramente valiosos.

Neste momento, é que o Big Data ganha notoriedade em aplicações de IoT. O processamento e análise de grandes volumes de dados possibilitam a extração de informações valiosas e tendências que, de outra forma, permaneceriam ocultos. Inteligência Artificial e algoritmos de aprendizado de máquina permitem que as informações coletadas sejam transformadas em conhecimento acionável, facilitando a tomada de decisões mais informadas e eficazes em diversas áreas (MORAIS; GONÇALVES; LEDUR, 2018).

A união de Big Data e Internet das Coisas tem revolucionado todos os processos industriais atualmente. Áreas como manufatura, logística, saúde e agricultura estão aproveitando o poder dessas tecnologias para melhorar a eficiência operacional, reduzir custos e proporcionar experiências mais personalizadas aos clientes. Já na indústria, sensores conectados a máquinas permitem a manutenção preditiva, antecipando falhas e reduzindo o tempo de inatividade não planejado. Devemos sempre ter em mente que, o uso inteligente de dados também otimiza a cadeia de suprimentos, melhorando a gestão de estoque e logística.

Agora, no campo da saúde, dispositivos IoT monitoram continuamente os sinais vitais dos pacientes, permitindo diagnósticos mais rápidos e tratamentos mais personalizados. Além disso, Big Data é aplicado em pesquisa médica, ajudando a identificar padrões e desenvolver novas terapias.

A união entre Big Data e Internet das Coisas pode enfrentar diversos desafios, tais como, a privacidade e a segurança dos dados tornam-se questões críticas quando um número cada vez maior de dispositivos está constantemente coletando informações pessoais e corporativas. Ainda, a proteção contra violações de dados e o uso inadequado de informações se tornam prioridades para governos, empresas e indivíduos.

Mesmo com grandes desafios, o futuro da união entre Big Data e Internet das coisas é promissor. À medida que a tecnologia continua a avançar, a capacidade de coleta, processamento e análise de dados se tornará ainda mais sofisticada. Com isso, surgirão novas oportunidades para inovação em setores já existentes e a criação de novas indústrias.

8.7. Microcontroladores

Ao se falar de IoT não tem como não falar sobre microcontroladores que impulsionaram o avanço tecnológico em uma infinidade de aplicações, desde eletrodomésticos inteligentes até sistemas de comunicação avançados. Esses dispositivos compactos, entretanto, são poderosos, têm um papel crucial no funcionamento de diversos dispositivos eletrônicos, tornando-os mais inteligentes, eficientes e versáteis.

Podemos definir microcontroladores como pequenos computadores em um único chip (Soc- System-on-a-chip), que contém um processador central, uma memória, e dispositivos de entrada e saída, possuem também, uma fácil interface de comunicação. A combinação de todos esses elementos em um único componente facilita a implementação de soluções complexas em espaços reduzidos e com menor consumo de energia.

A característica mais marcante de microcontroladores é a sua facilidade de programação. Microcontroladores podem ser programas em determinadas linguagens, por exemplo, C ou C++, possui também, ambientes de desenvolvimento integrados (IDEs), Assim, os desenvolvedores podem escrever códigos que definem o comportamento do microcontrolador. Isso permite a criação de aplicações personalizadas e adaptáveis para atender às necessidades específicas de cada projeto.

Em aplicações de IoT, os microcontroladores desempenham um papel essencial em uma ampla gama de setores. Podemos encontrar os microcontroladores em eletrodomésticos inteligentes, como máquinas de lavar e geladeiras que se comunicam com os usuários e otimizam o consumo de energia. Já na indústria, são usados em automação de processos, controle de máquinas e sistemas de monitoramento e controle. Em aplicações automotivas, gerenciam funções cruciais como sistemas de freios ABS, injeção de combustível e airbags.

Com os microcontroladores podemos conectar e manipular equipamentos eletrônicos. Conseguimos a conectividade de dispositivos à internet, possibilitando a troca de dados e controle remoto, o que tem revolucionado a maneira como interagimos com o nosso ambiente. Podemos observar que há uma grande tendência de uso de microcontroladores em projetos de código aberto.

Por último, podemos observar que os microcontroladores desempenham um papel essencial na revolução tecnológica em que estamos vivendo. Sendo, cérebros por trás de muitos dispositivos e sistemas inteligentes, os microcontroladores possibilita a interconexão e aprimorando a forma como vivemos, trabalhamos e nos comunicamos. Microcontroladores estão em contínuo desenvolvimento. Podemos dizer ainda que, os microcontroladores continuarão a moldar e impulsionar o futuro da tecnologia de forma fascinante e surpreendente.

8.8. Considerações Finais

IoT revolucionou a maneira como interagimos com a tecnologia e como vivemos nossas vidas. O principal objetivo da IoT consiste em trazer benefícios para as pessoas. Esse conceito inovador permite uma interação com os equipamentos eletrônicos para automatizar tarefas repetitivas e chatas, trazendo inúmeros benefícios para a humanidade. As aplicações IoT são inúmeras. Atualmente, IoT possui aplicações em praticamente todos os setores. Podemos observar ainda que, o impacto da IoT é sentido em várias áreas, tais como, medicina, lazer, construção civil, contábil, ambiental, agricultura, industrial e entre outras. Por exemplo, na medicina, dispositivos médicos conectados podem monitorar sinais vitais dos pacientes, permitindo diagnosticar mais rápido alterações em seus estados clínicos. Já na indústria, o IoT pode ser usado para monitorar máquinas e linhas de produção, melhorando a eficiência e reduzindo custos. No agronegócio, sensores de solo e clima ajudam os agricultores a otimizar o cultivo e aumentar a produtividade.

Internet das Coisas é uma jornada em constante evolução, e seu potencial é enorme e empolgante. Quanto mais exploramos e utilizamos IoT, percebemos o quanto IoT é essencial para as pessoas. Devemos nos lembrar de que seu verdadeiro valor está em como ela pode melhorar a vida das pessoas e contribuir para um mundo mais sustentável, conectado e harmonioso.

É notório que IoT oferece uma série de benefícios, desde a melhoria da eficiência e produtividade até a criação de novos modelos de negócios e serviços. Com cidades inteligentes, a mobilidade urbana é otimizada, o consumo de energia é reduzido e os cidadãos desfrutam de maior qualidade de vida. Além disso, a IoT desencadeia uma verdadeira revolução na área da saúde, com a possibilidade de tratamentos mais personalizados e eficazes.

O futuro do IoT é repleto de possibilidades e empolgante. Com o avanço de novas tecnologias, linguagens de programações, frameworks, banco de dados entre outros, permite criar novas oportunidades no IoT. Podemos observar ainda que, com o desenvolvimento contínuo da tecnologia, é provável que vejamos uma maior integração de dispositivos, bem como uma maior sofisticação na análise de dados e na inteligência artificial aplicada à IoT. A 5G e outras tecnologias emergentes irão acelerar ainda mais a expansão da IoT e habilitar novas aplicações, como carros autônomos e cidades inteligentes ultrassofisticadas.

Por último, devemos observar que a combinação do IoT com outras tecnologias, tais como, Machine Learning, Big Data, Análise de dados e entre outas tecnologias, potencializa ainda mais o seu impacto. Aplicações de IoT gera uma quantidade massiva de dados, a análise desses dados, possibilita a identificação de padrões, prever eventos futuros e tomar decisões autônomas. Neste momento, é que são utilizadas técnicas de Inteligência Artificial, principalmente *Machine Learning*. Essa simbiose está transformando a forma como as empresas operam e como interagimos com a tecnologia em nosso cotidiano.

8.9. Referências Bibliográficas

MASCHIETTO, Luís G.; VIEIRA, Anderson L N.; TORRES, Fernando E.; et al. Arquitetura e Infraestrutura de IoT.: Grupo A, 2021. E-book. ISBN 9786556901947.

MORAES, Alexandre de; HAYASHI, Victor T. Segurança em IoT. [Digite o Local da Editora]: Editora Alta Books, 2021. E-book. ISBN 9788550816548.

MORAIS, Izabelly Soares de; GONÇALVES, Priscila de F.; LEDUR, Cleverson L.; et al. Introdução a Big Data e Internet das Coisas (IoT). [Digite o Local da Editora]: Grupo A, 2018. E-book. ISBN 9788595027640.

NETO, Arlindo; OLIVEIRA, Yan de. Eletrônica analógica e digital aplicada à IoT: aprenda de maneira descomplicada.: Editora Alta Books, 2017.

9

Machine Learning: Um Estudo de suas Características e sua Usabilidade para o Consumidor desta Tecnologia

Vanderlei Lenne
Centro Universitário Anchieta
Ciência da Computação, Jundiaí/SP
vanderlei.ienne@anchieta.br

Resumo

O entendimento de Machine Learning, é uma das mais fortes tendências tecnológicas da atualidade e do futuro próximo, seja em carros autônomos, diagnósticos médicos precisos ou recomendações de compra, ela terá um papel relevante no mundo, porém é uma área que combina conhecimentos de várias outras áreas como Computação, Estatística e Cálculo e requer uma formação forte para os profissionais que quiserem ter destaque em suas profissões, e é uma tecnologia que veio para ficar, afinal, ao apostar em algoritmos que podem agilizar os processos do dia a dia, além de transformar os dados coletados em ferramentas realmente estratégicas, não poderá ser descartada pois o negócio se tornará mais competitivo e alcançará melhores resultados, e para investir nessa tecnologia, é essencial contar com uma infraestrutura tecnológica que permita o amplo uso de tudo o que a aprendizagem de máquina poderá oferecer, isso significa que, para ter resultados bons nesta tecnologia, precisará também de um investimento exponencial, para quanto mais se espera de resultado, maior terá que ser o seu investimento, e no contexto abordado neste estudo, será demonstrar o que é, como ela funciona, quais são as suas características e como ela está sendo usada nos diversos meios de aplicações tecnológicas.

Palavras-chaves

Machine learning, tecnologia, computação.

9.1. Introduçâo

Na atualidade, ainda não é possível comparar a capacidade cognitiva de uma máquina a de um ser humano. Já existem vários exemplos de softwares e equipamentos produzidos pela mão humana que têm algo que podemos chamar, sim, de inteligência, mas o maior avanço da inteligência artificial (IA) é permitir que essas máquinas possam se tornar ainda mais espertas, e por conta própria.

Esqueça os cenários pessimistas de obras de ficção científica, nos quais as invenções se voltam contra os humanos e acabam dominando o mundo. A IA e o Machine Learning são desenvolvidos para o nosso próprio benefício, já que os robôs não têm muitas de nossas limitações para desenvolver determinadas tarefas, eles se alimentam por uma fonte de energia, eles não precisam dormir, além disso, não se desconcentram, dificilmente erram e desempenham tarefas em velocidade muitas vezes superior à nossa capacidade.

Lembre-se que o desenvolvimento tecnológico tem proporcionado novas formas de gerar e coletar dados como, por exemplo, códigos de barras em produtos, automatização de negócios e transações, e avanços no armazenamento de dados, tais como velocidade, capacidade de acesso e baixo custo, também impulsionaram a geração de grandes quantidades de dados, tornando-se evidente a necessidade de se gerar técnicas e ferramentas que auxiliem de forma automática e inteligente, os seres humanos na tarefa de análise, e, por consequência, extração de informações úteis desses dados, uma área que está sendo bastante utilizada na tarefa de extração de conhecimento em grandes volumes de dados é a área de Aprendizado de Máquina (AM), o aprendizado de máquina se preocupa com o desenvolvimento de modelos computacionais que adquirem conhecimento utilizando fatos e conhecimentos de fundo disponíveis e suas técnicas e seus algoritmos estão cada vez mais presentes em processos em mineração de dados.

Esta contribuição está organizada da seguinte forma: no Capítulo 2, é apresentado um referencial teórico o qual aborda conceitos fundamentais relacionados com a área de machine learning, no Capítulo 3, serão abordadas as metodologias utilizadas e conceitos relacionados ao domínio estudado, e por fim, no Capítulo 4, será apresentado o estudo de caso no qual foi seguida de forma a alcançar os resultados apresentados no decorrer deste estudo, e nas considerações finais, será verificado se o resultado final foi alcançado e por quê.

9.2. Referencial Teórico

Este capítulo apresenta o embasamento teórico e conceitos utilizados nesta apresentação.

9.2.1. O Machine Learning

O termo Machine Learning (em inglês, aprendizado de máquina), é uma tecnologia onde os computadores têm a capacidade de aprender de acordo com as respostas esperadas por meio de associações de diferentes dados, os quais podem ser imagens, números e tudo que essa tecnologia possa identificar. Machine Learning é o termo em inglês para a tecnologia conhecida no Brasil como aprendizado de máquina.

O funcionamento dos algoritmos de Machine Learning, se refere quando desenvolve um sistema de aprendizado de máquina, a estrutura utilizada na programação é diferente da programação de software tradicional. No método tradicional se cria um conjunto de regras para gerar uma resposta a partir do processamento dos dados introduzidos, já os algoritmos de Machine Learning são criados a partir dos dados que serão analisados e as repostas ou resultados que se esperam dessa análise, e no final do processo o sistema cria as suas próprias regras ou perguntas.

No caso do Machine Learning, espera-se que essas decisões tomadas pelos equipamentos tenham como base o aprendizado com dados e a identificação de padrões com o mínimo de (ou sem nenhuma) intervenção humana, ela nasceu da ideia de que as máquinas podiam aprender a realizar tarefas específicas mesmo sem terem sido programadas para isso, a grande meta desta vertente da IA é criar softwares que, ao serem expostos a novos dados, conseguem se adaptar de maneira independente, estes dados somados a cálculos anteriores e às vezes submetidos à repetição, produzem decisões e resultados confiáveis.

Apesar de algumas pessoas encararem a inteligência artificial e o aprendizado de máquina como tendências que aproximam os robôs do que há de mais humano e subjetivo em nós, a base de tudo ainda são as Ciências Exatas, o que permite a uma máquina ter algo parecido com inteligência, denominados algoritmos.

A tecnologia Machine Learning permite que os modelos sejam treinados em conjuntos de dados antes de serem implementados. Um aplicativo ou software com Machine Learning é um tipo de programa que melhora automaticamente e gradualmente com o número de experiências em que ele é colocado para treinar.

O processo iterativo leva a uma melhoria nos tipos de associações feitas entre elementos e dados, os quais são apresentados em uma grande quantidade e devido a grande quantidade de dados analisados, os padrões e associações feitas, são normalmente feitas por interação humana, após o treinamento inicial de um aplicativo ou software de Machine Learning ele poderá ser usado em tempo real para aprender sozinho com os dados apresentando maior precisão nos resultados com o passar do tempo.

Para trabalhar com o sistema de aprendizado de máquina é necessário utilizar um certo conjunto de dados, o Big Data por exemplo, permite que os dados sejam virtualizados para que possam ser armazenados da maneira mais eficiente e econômica, seja on premise ou na cloud, além da eficiência o Big Data também auxilia na melhoria da velocidade e confiabilidade da rede, removendo outras limitações físicas associadas ao gerenciamento de dados em grande quantidade.

9.2.2. A evolução do Machine Learning

Apesar de estarmos falando de um conceito relativamente novo, a origem do Machine Learning já tem quase 70 anos. Na década de 1950, quando os primeiros modelos de computadores eram desenvolvidos, Alan Turing, considerado o precursor da informática, começou a realizar os primeiros testes para analisar o poder de raciocínio das máquinas, não era nada muito elaborado, mas, para a época, observar os computadores repetindo sequências de comandos já era algo impressionante.

Um pouco mais tarde, utilizando as descobertas de Turing como referência, um cientista de computação norte-americano chamado Arthur Lee Samuel, foi além e criou o primeiro software com capacidade de aprender, o experimento consistia em um jogo de damas virtual, em que o sistema ia melhorando a performance à medida em que as partidas passavam, ou seja, a máquina se especializava, aprendendo movimentos e criando estratégias a partir do seu histórico, e tornava cada vez mais difícil alguém superá-la em uma partida, enquanto que Samuel foi o responsável por usar o termo Machine Learning pela primeira vez, no ano de 1959, então a tecnologia evoluiu muito, a quantidade e a complexidade das informações também, com isso, novos conceitos e ferramentas também, caso, por exemplo, da Inteligência Artificial, do Big Data, da Internet das Coisas, entre outros.

9.2.3. Funcionalidades do Machine Learning (aprendizado de máquina)

Atualmente, as pesquisas em Machine Learning estão mais vinculadas ao conceito de indústria 4.0, também chamada de Quarta Revolução Industrial, trata-se da era da automação e da tecnologia da informação no setor de serviços e na produção de bens de consumo, na realidade, a automação por si só já existe há bastante tempo, a novidade é o uso de inteligência artificial. Essa nova realidade da automação permitiu um salto de produtividade no mundo todo, com o Machine Learning, as fábricas estão mais inteligentes, e as máquinas são aprimoradas por conta própria, no setor de serviços, sendo os robôs substituindo os humanos em algumas funções de trabalho.

E não estamos falando dos labirintos escusos, mas de algoritmos que aprendem com o tempo e suprem cada vez melhor as necessidades de informações dos clientes, quando usamos a palavra "robôs", não se tratam de androides, aqueles com forma humana, ou mesmo de robôs mais "quadrados" mesmo, na maioria das vezes, são apenas programas, conjuntos de códigos construídos para dar conta de determinada função, seja qual for a área, é importante ter em mente que o objetivo principal não é somente fazer com que os empresários ganhem mais dinheiro, mas que as funções principalmente sequenciais, possam ser substituídas e melhoradas por esta tecnologia.

9.2.4. Diferença entre Machine Learning e Inteligência Artificial

Enquanto que o Machine Learning é um dos pilares desse campo tecnológico gigantesco, a Inteligência Artificial pode ser definida como a extensão da inteligência humana por meio de máquinas capazes de simular nosso raciocínio.

É importante distinguir Inteligência Artificial de outros termos populares, como Machine Learning e Deep Learning. Colocando de maneira muito simples, o Machine Learning é um subcampo da IA, da mesma forma que o Deep Learning é um subcampo do Machine Learning.

Uma explicação tecnicamente mais correta seria que a Inteligência Artificial é o campo da Ciência da Computação que estuda maneiras de simular a inteligência humana, ela possui vários subcampos, como Visão por Computador (Computer Vision em inglês), Processamento de Linguagem Natural (PLN, Natural Language Processing ou NLP) e Machine Learning.

E o Machine Learning é o subcampo da IA, que visa automatizar o processo de tomada de decisão de uma máquina a partir de um conjunto de dados, e existem vários algoritmos para isso e eles podem ser classificados como:

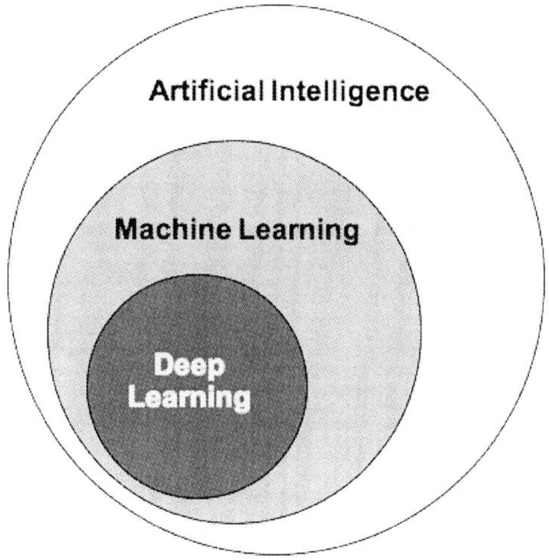

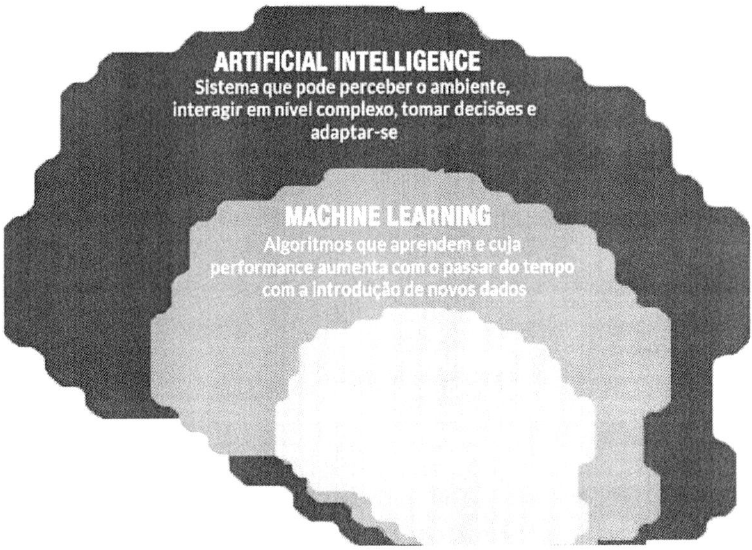

9.2.5. A importância do Machine Learning

O ser humano realiza tarefas manuais ou intelectuais, dentro das nossas possibilidades, fazemos o possível, o que acontece é que o mundo atual está de tal maneira informatizado que hoje, em um único dia, produz-se mais informações do que em séculos passados inteiros.

Quem usa o aplicativo GPS por exemplo, está fornecendo dados sobre a velocidade de deslocamento na via onde se encontra, a partir dessa informação e dos dados colhidos de usuários que trafegam pela mesma via, o aplicativo irá recomendar ou não que outros motoristas cheguem ao seu destino por aquele mesmo trajeto, uma enorme equipe de seres humanos não conseguiria colher esses dados e transformá-los em sugestões de trajetos em tempo real, o algoritmo do aplicativo, que trabalha 24 horas por dia, consegue, mesmo dessa maneira, com a criação de algoritmos feitos para aproveitar essa imensa quantidade de dados, ainda há muitas informações desperdiçadas.

9.2.6. Uso do Machine Learning

- **reconhecimento de imagens**, esse é um dos recursos mais comuns do Machine Learning, por meio do qual é possível classificar objetos a partir de uma imagem digital, servindo, inclusive, para reconhecer rostos e faces;
- **reconhecimento de voz**, nesse serviço, especificamente, o software tem a capacidade de reconhecer palavras ditas e convertê-las em texto. No âmbito do atendimento, as URAs trabalham nesse sentido;
- **indicações de filmes, música**, sugestões de conteúdo por meio de dados, como os serviços de streaming (como a Netflix e o Youtube). São as chamadas recomendações, que funcionam com base no que você já assistiu;
- **Diagnósticos médicos,** através da análise de parâmetros clínicos;
- **Classificação de clientes,** para avaliar riscos e oportunidades;
- **Análise de mercado,** através da identificação de padrões de gastos.

No mercado, as aplicações de Machine Learning possuem diversas opções, existe inclusive, as aplicações pertinentes aos serviços automatizados de atendimento ao cliente, como os chatbots, que visam aumentar a produtividade da equipe de agentes, ao passo que reduz custos.

9.2.7. Carreiras na área de Machine Learning

Investir em uma carreira na área de Machine Learning é ter a ideia de que não se trata apenas de uma aposta ou tendência momentânea, mas sim, de uma profissão que deve ter muita demanda ainda pela frente, existem diferentes tipos de especialização que você pode seguir, sem necessariamente ter uma formação em Tecnologia da Informação, Ciência da Computação ou Engenharia de Softwares, afinal, existem cursos de pós-graduação e MBA na área de gestão que possuem enfoque em Big Data, Business Intelligence, Inteligência Artificial e Machine Learning.

Se a sua ideia é trabalhar com o processamento e a análise de dados, segue algumas das carreiras que possuem as características de uma especialista em Machine Learning, como:

- Analista de ML
- Arquiteto de dados
- Cientista de dados
- Engenheiro de ML
- Pesquisador de ML

9.2.8. Ferramentas de Machine Learning

Existem algumas ferramentas disponibilizadas por terceiros, para que os desenvolvedores possam utilizar os recursos de IA para desenvolver suas aplicações, é o caso, por exemplo, da Google que disponibiliza a IA para desenvolvedores que seria as ferramentas de IA do Google Cloud, que são equipadas com o melhor da pesquisa e com a tecnologia do Google para ajudar os desenvolvedores a se concentrarem exclusivamente na solução de problemas importantes. A Google atualiza constantemente seu produto, para que os desenvolvedores possam confiar que, ao usar nossas ferramentas de IA, eles estão usando o melhor que a tecnologia tem a oferecer.

Alguns de seus produtos são encontrados no cloud da Google e tem específicos casos de uso, como podemos citar: IA para cientistas de dados (Vertex AI ou Vertex AI Workbench), IA para desenvolvedores (AutoML, API Cloud Inference, Cloud Natural Language, Dialogflow, media Translation, Speech-to-text, Texto-to-Speech, API Timeseries Insights, Ia de tradução, Video AI, Vision AI) e Infraestrutura de IA (Deep Learning Containers, Deep Learning VM Image, GPUs, TensorFlow Enterprise, TPUs).

9.3. Metodologia

É para usarmos o Machine Learning, precisamos que ela possa aprender por conta própria a processar esses dados e dar utilidade a eles, assim, os softwares e equipamentos construídos pelo homem conseguirão analisar dados cada vez mais complexos e numerosos, de forma automática e rápida, o resultado será igualmente mais preciso e rápido, mesmo em grande escala e com riscos muito menores.

De forma geral, há quatro principais técnicas de modelagem de machine learning: aprendizado supervisionado, aprendizado não supervisionado, aprendizado semissupervisionado e aprendizado por reforço.

- **Aprendizagem supervisionado:** esses algoritmos têm uma aprendizagem prévia baseada em um sistema de etiquetas associadas a dados, o que permite tomar decisões ou fazer previsões. Um exemplo é um detector de spam que etiqueta um e-mail como spam ou não, dependendo dos padrões que aprendeu do histórico de e-mail (remetente, relação texto/imagens, senha no assunto etc.).

- **Aprendizagem não supervisionada:** esses algoritmos não têm um conhecimento prévio, eles enfrentam o caos de dados, com o objetivo de encontrar padrões que permitam de alguma forma, organizá-los, por exemplo, na área do marketing são utilizados para extrair padrões de dados massivos das redes sociais e criar campanhas de publicidade altamente segmentadas.

  Existem alguns tipos de aprendizado não supervisionado, embora existam dois problemas principais que são frequentemente encontrados por um profissional: eles são agrupamentos que envolvem a localização de grupos na estimativa de dados e a densidade que envolve o resumo da distribuição de dados, como exemplos:

Clustering: problema de aprendizado não supervisionado que envolve a localização de grupos de dados;
Estimativa de densidade: problema de aprendizado não supervisionado que envolve resumir a distribuição de dados;
Visualização: problema de aprendizado não supervisionado que envolve a criação de gráficos;
Projeção: problema de aprendizado não supervisionado que envolve a criação de representações de dados em dimensões inferiores.

- **Aprendizagem semissupervisionada:** é o aprendizado supervisionado, onde os dados de treinamento contêm muito poucos exemplos rotulados e um grande número de exemplos não rotulados, o objetivo de um modelo de aprendizado semissupervisionado é fazer uso efetivo de todos os dados disponíveis, não apenas dos dados rotulados, como no aprendizado supervisionado.

  No aprendizado semissupervisionado, recebemos alguns exemplos rotulados e devemos fazer o que podemos com uma grande coleção de exemplos não rotulados, até os próprios rótulos podem não ser as verdades que esperamos.

  Fazer o uso efetivo de dados não rotulados pode exigir o uso ou inspiração de métodos não supervisionados, como agrupamento e estimativa de densidade, depois que grupos ou padrões são descobertos, métodos ou ideias supervisionadas do aprendizado supervisionado podem ser usados para rotular os exemplos não rotulados ou aplicar rótulos a representações não rotuladas posteriormente usadas para previsão.

- **Aprendizagem por reforço:** seu objetivo é fazer com que um algoritmo aprenda a partir da própria experiência, sendo capaz de tomar a melhor decisão diante de diferentes situações de acordo com um processo de teste e erro em que se recompensam as decisões corretas, atualmente, esse algoritmo está sendo utilizado para possibilitar o reconhecimento facial, fazer diagnósticos médicos ou classificar sequências de DNA.

9.4. Processo de construção de um modelo de Machine Learning

No processo de construção de um modelo de Machine Learning, existe uma revisão das principais técnicas disponíveis para o desenvolvimento de um modelo de aprendizado de máquina, pois o conhecimento necessário é importante para que a prática em que serão escolhidas as melhores técnicas e algoritmos para o caso desejado seja atingido.

Abaixo segue a abordagem da prática de desenvolvimento de um modelo genérico de Machine Learning, baseando-se nos conceitos de construção de modelos do livro *Artificial Intelligence and Machine Learning for Business de Steven Finlay*. O desenvolvimento do modelo é realizado por algumas macroetapas, identificadas na figura a seguir.

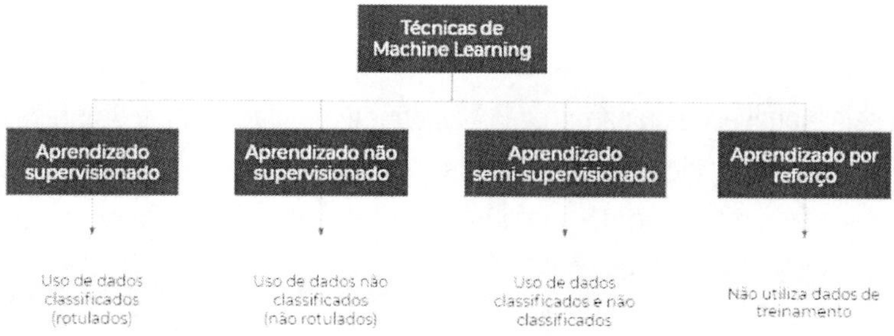

Fonte: Adaptado de Mohammed, Khan e Bashier (2017, p.7)

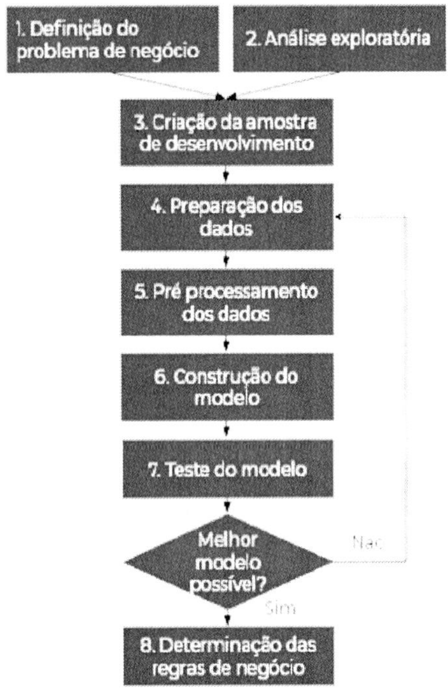

9.5. Considerações Finais

Embora seja inegável que o campo da IA alcançou resultados muito impressionantes nos últimos anos, ele não atingiu de forma alguma, o seu pico, existem vários desafios pela frente, não só do ponto de vista técnico, mas também do ponto de vista ético e legal.

Há um problema, conhecido há muito tempo, relacionado aos aplicativos Machine Learning no reconhecimento de imagem, geralmente os conjuntos de dados de imagens tendem a não ter nenhum tipo de ruído, portanto, não deve surpreender que os modelos tendam a rotular dados ruidosos de forma incorreta, no entanto, considerando que, em muitos casos, os dados ruidosos são muito semelhantes a uma imagem pura, os resultados parecem decepcionantes, especialmente do ponto de vista leigo.

Outro problema também pode ser estendido para um caso mais geral, a maioria dos modelos é treinada considerando apenas o caminho feliz, em que apenas dados apropriados são usados para treinar e validar o modelo, estes modelos podem se comportar de maneira imprevisível se forem alimentados com dados corrompidos e os resultados podem ser erros ultrajantes, à medida que os aplicativos Machine Learning se tornam mais disponíveis aos usuários finais, deve haver mais preocupações com a segurança dos modelos.

Mesmo que as máquinas substituam uma grande quantidade de funções que hoje são ocupadas por seres humanos, ainda será necessário ter pessoas de visão, que saibam reconhecer as melhores oportunidades para explorar os benefícios da tecnologia.

Vale lembrar que para desenvolver plenamente essa capacidade, é necessário compreender pelo menos o básico do funcionamento dos algoritmos, você até pode não ser a pessoa responsável por desenvolvê-los, mas estará se relacionando com ela em algum momento, então precisamos entender que as máquinas poderão imitar ao máximo a nós, imitando às vezes nossas características mais humanas, mas acredito que demorará muito ainda, para que os robôs atinjam algumas de nossas características, como por exemplo, o sentimento.

Referências Bibliográficas

ALPAYDIN, E. Introduction to Machine Learning. 3. ed. Massachusetts, MIT Press: [s.n.], 2014.

AMARAL, T. Entenda o que é e como aplicar a Transformação Digital. AAA Inovação, 2019. Disponível em: <https://blog.aaainovacao.com.br/entenda-o-que-e-e-como-aplicar-a-transformacao-digital/>. Acesso em: 16 Dez 2019.

APIUM. Artificial Intelligente in E-commerce: Benefits, Statistics, Facts, Use cases & Case Studies. Apium hub, 2018. Disponível em: <https://apiumhub.com/tech-blog-barcelona/artificial-intelligence-ecommerce/>. Acesso em: 20 Mai 2020.

BARROS, M. Como seremos impactados? Indústria 4.0. Alcer Consultoria, 2018. Disponível em: <https://alcerconsultoria.com.br/sem-categoria/industria-4-0-como-o-brasil-reagira/>. Acesso em: 10 Dez 2019.

BOUEÉ, C.; SCHAIBLE, S. Die Digitale Transformation der Industrie. Roland Berger. [S.I.]. 2015.

BOURGOIS, X. et al. Delloite Insights. The fourth industrial revolution is here - are you ready?, 2018. Disponível em: <https://www2.deloitte.com/content/dam/insights/us/articles/4364_Industry4-0_Are-you-ready/4364_Industry4-0_Are-you-ready_Report.pdf>. Acesso em: 22 Dez 2019.

BROWNLEE, J. Roc Curves and Precision Recall Curves for imbalanced Classification. Machine Learning Mastery, 2020. Disponível em: <https://machinelearningmastery.com/roc-curves-and-precision-recall-curves-for-imbalanced-classification/>. Acesso em: 09 Mai 2020.

CASTLE, N. What is Semi-Supervised Learning? Oracle, 2018. Disponível em: <https://blogs.oracle.com/datascience/what-is-semi-supervised-learning>. Acesso em: 02 Mai 2020.

CHINEN, R. Transformação digital nos negócios: uma abordagem visando barreiras e aceleradores do processo. Universidade de São Paulo (USP). São Paulo. 2019.

COUD. Newsletter do Google Cloud, 2020. Disponível em: <https://cloud.google.com/products/>. Acesso em: 25 Abr 2022.

COLLINS. Collins English Dictionary. https: //www.collinsdictionary.com/dictionary/english/artificial-intelligence, 2018. Disponivel em: <https://www.collinsdictionary.com/dictionary/english/artificial-intelligence>. Acesso em: 26 Abr 2020.

CORREIA, F. Definição de computação em nuvem segundo o NIST. Plataforma Nuvem, 2011. Disponível em: <https://plataformanuvem.wordpress.com/2011/11/21/definicao-de-computacao-em-nuvem-segundo-o-nist/>. Acesso em: 28 Jan 2020.

DIGITAL, M. How top companies excel with digital and analytics. [S.I.]. 2019.

E-BIT. Relatório Webshoppers 2015. E-bit, 2015. Disponível em: <bit.com.br/webshoppers>. Acesso em: 01 Mai 2020.

E-BIT. Relatório Webshoppers 2018. Doc Player, 2018. Disponível em: <https://docplayer.com.br/74733329-Webshoppers-37a-edicao.html>. Acesso em: 20 Mai 2020.

E-COMMERCE. Com pandemia, e-commerce cresce 81% em abril e fatura R$ 9,4 bilhões. E-commerce Brasil, 2020. Disponível em: <https://www.ecommercebrasil.com.br/noticias/e-commerce-cresce-abril-fatura-compreconfie-coronavirus/>. Acesso em: 20 Mai 2020.

EDMEAD, M. Digital transformation: Why it's important to your Organization. The IDG Contributor Network, 2016. Disponível em: <http://www.cio.com/article/3063620/it-strategy/digital-transformation-why-its-important-to-your-organization.html>. Acesso em: 26 Fev 2020.

EUGENIO, M. Tipos de Marketplace: 4 principais e suas particularidades. DLoja Virtual, 2020. Disponível em: <https://www.dlojavirtual.com/como-vender/conheca-os-principais-tipos-de-marketplace-e-suas-particularidades/>. Acesso em: 20 Mai 2020.

FACELI, K. et al. Inteligência artificial: uma abordagem de aprendizado de máquina. 1. ed. Rio de Janeiro: LTC, 2011.

FIA Business School. Machine Learning: como funciona, benefícios, tipos e exemplos, 2021. Disponível em: https://fia.com.br/blog/machine-learning/. Acesso em: 12 Abr 2022.

FINLAY, Steve. Artificial Intelligence and Machine Learning for Business: A No-Nonsense Guide to Data Driven Technologies. 3, 2017.

GAMA, A. O uso de machine learning na implementação de manutenção preditiva em usinas termelétricas. Universidade Federal do Rio de Janeiro/ Escola Politécnica. Rio de Janeiro. 2017.

GIL, A. Como elaborar projetos de pesquisa. 3. ed. São Paulo: [s.n.], 2007.

GLASS, S.; HALLER, K. IBM Customer Experience Index (CEI) Study. IBM Institute for Business Value. NY. 2017.

GROOTENDORST, M. Validating your Machine Learning Model. Towards Data Science, 2019. Disponível em: <https://towardsdatascience.com/validating-your-machine-learning-model-25b4c8643fb7>. Acesso em: 05 Mai 2020.

GUISSONI, L.; DE OLIVEIRA, T.; TEIXEIRA, T. Um novo momento para o ecommerce. FGV, 2016. Disponível em: <http://rae.fgv.br/sites/rae.fgv.br/files/um_novo_momento_para_o_e-commerce.pdf>. Acesso em: 20 Mai 2020.

IBERDROLA. Os principais benefícios do 'Machine Learning', 2021. Disponível em: < https://www.iberdrola.com/inovacao/o-que-e-machine-learning/>. Acesso em: 10 Mai 2022.

IBM. Machine Learning e Ciência de dados com IBM Watson, 2021. Disponível em: <https://www.ibm.com/br-pt/analytics/machine-learning>. Acesso em: 02 Mai 2022.

KENJI, Bruno. Machine Learning para Leigos, 2019. Disponível em: <https://www.venturus.org.br/machine-learning-para-leigos/>. Acesso em: 27 Abr 2022.

KOTLER, P. O conceito de Varejo. E-conhecimento, 2012. Disponível em: <https://e-conhecimento.br.com/administracao/para-kotler-2012-p482-o-varejo--in-19732165>. Acesso em: 20 Mai 2020.

KOTTER, J.; SCHLESINGER, L. Six Change Approaches. Expert Program Management, 2018. Disponível em: <https://expertprogrammanagement.com/2018/05/six-change-approaches/>. Acesso em: 05 Jun 2020.

LE, J. Pinterest's Visual Lens: How computer vision explores your taste. Medium, 2018. Disponível em: <https://medium.com/cracking-the-data-science--interview/pinterests-visual-lens-how-computer-vision-explores-your-taste--47d591b42d7c>. Acesso em: 20 Mai 2020.

LIMA, G. Marketplaces e estratégia de negócios: análise do panorama do mercado de comércio eletrônico brasileiro em 2019. E-commerce Brasil, 2019. Disponível em: <https://www.ecommercebrasil.com.br/artigos/marketplaces-e-estrategia--de-negocios-analise-do-panorama-do-mercado-de-comercio-eletronico-brasileiro-em-2019/>. Acesso em: 20 Mai 2020.

LLORENTE, J. A transformação digital. nº 24. ed. São Paulo: Revista Uno, 2016.

MATEUS, Flora Mello Quintão; MENDONÇA, Mariana de Carvalho. Machine Learning na melhoria de processos internos. Rio de Janeiro Julho de 2020.

MAYKUT, P.; MOREHOUSE, R. Beginning qualitative research: A philosophic and practical guide. The Falmer Press teachers, London, v. 6, 1994.

MEDIUM. 9 Applications of Machine Learning from day to day life. Medium, 2017. Disponível em: <https://medium.com/app-affairs/9-applications-of-machine-learning-from-day-to-day-life-112a47a429d0>. Acesso em: 22 Mai 2020.

MENON, U. What is reinforcement learning? Quora, 2018. Disponível em: <https://www.quora.com/What-is-reinforcement-learning>. Acesso em: 03 Mai 2020.

MINAEE, S.; PATHAK, H.; CROOK, T. Machine Learning Powered Content Moderation: AI and Computer Vision Applications at Expedia. Expedia Group Technology, 2019. Disponível em: <https://medium.com/expedia-group-tech/image-moderation-d5e228b3c2d7>. Acesso em: 11 Mai 2020.

MOHAMMED, M.; KHAN, M.; BASHIER, E. Machine Learning: Algorithms and Applications. 1. ed. NW: Taylor & Francis Group, 2017.

MONGER, M. et al. Digital Transformation Iniciative - Maximizing Return on Digital Investiments. Forum Economico Mundial. Geneva. 2018.

OLIVEIRA, Fabio Ricardo de. Afinal, o que é machine learning? disponibilizado em: 17 de novembro de 2019, Disponível em: <https://conteudo.movidesk.com/o-que-e-machine-learning/>. Acesso em: 08 Mai 2022.

PEREIRA, R. et al. A Informação de Processos em Instituições Públicas: O caso da Universidade Federal de Viçosa. Revista de Gestão e Tecnologia Navus, Florianópolis, v. 6, p. 17-29, Março 2016.

PINÇON, A. A Transformação Digital das Empresas no Brasil. MBA em Tecnologia da Informação - Executivo, Universidade Federal do Rio de Janeiro. Rio de Janeiro. 2017.

PODIUM. Consumers get buy with a little help from their friends. Podium, 2017. Disponível em: <http://learn.podium.com/rs/841-BRM-380/images/2017-SOOR-Infographic.jpg>. Acesso em: 20 Mai 2020.

PRECIFICA. Panorama dos Marketplaces no Brasil: Edição Setembro 2018. Precifica, 2018. Disponível em: <https://www.precifica.com.br/wp-content/uploads/2018/10/panorama-dos-marketplaces-no-brasil-edicao-setembro-2018.pdf>. Acesso em: 20 Mai 2020.

RASHID, A. Cloud Computing Characteristics and Services: A Brief Review. INTERNATIONAL JOURNAL OF COMPUTER SCIENCES AND ENGINEERING, Ajmer, v. 7, n. 2, Fev 2019.

REJOINER. Amazon recommendations secret selling online. Rejoiner, 2018. Disponível em: <http://rejoiner.com/resources/amazon-recommendations-secret-selling-online/>. Acesso em: 20 Mai 2020.

RIBEIRO, L.; ROCHA, S.; BRANCO, E. Liderança e estratégias organizacionais: a influência, o poder e os aspectos da liderança nas organizações. Caderno de Estudos Ciência e Empresa. [S.l.]. 2012.

SBVC. Ranking SBVC: Um estudo completo do e-commerce. Sociedade Brasileira de Varejo e Consumo. [S.l.]. 2018.

SCHALLMO, D.; WILLIAMS, C.; LUKE, B. Digital Transformation of Business Models - Best practice, Enablers and Roadmap. International Journal of Innovation Management, Ulm, v. 21, p. 17, Nov 2017.

SCHNEIDER, Cristian Felipe; RECAMONDE, Mendoza Mariana. Machine learning aplicado na previsão de resultados de partidas de futebol: um estudo de caso para comparação de diferentes classificadores, 2018. Disponível em: <http://hdl.handle.net/10183/179461/>, Acesso em Mai 2022.

SCHÜTZE, A.; HELWIG, N.; SCHNEIDER, T. Sensors 4.0 – smart sensors and measurement technology enable industry 4.0. Journal of Sensors and Sensors Systems, Saarbruecken, Mai 2018.

SCHWAB, K. The Fourth Industrial Revolution: what it means, how to respond. World Economic Forum, 2016. Disponível em: <https://www.weforum.org/agenda/2016/01/the-fourth-industrial-revolution-what-it->. Acesso em: 25 Fev 2020.

SCHWABER, K.; SUTHERLAND, J. Definition of Scrum. Scrum Guide, 2017. Disponível em: <https://www.scrumguides.org/scrum-guide.html>. Acesso em: 25 Jul 2020.

SFENRIANTO, S.; WANG, G. User satisfaction analysis for service-now application. IOP Conference Series Materials Science and Engineering. [S.l.]. 2018.

SHALEV-SCHWARTZ, S.; BEN-DAVID, S. Understanding Machine Learning: From Theory to Algorithms. Cambridge: Cambridge University Press, 2014.

SHARMA, S. Top 9 Machine Learning Applications in Real World. Data Science Central, 2017. Disponível em: <https://www.datasciencecentral.com/profiles/blogs/top-9-machine-learning-applications-in-real-world>. Acesso em: 20 Mai 2020.

SILVA, F. Detecção de Ironia de Sarcasmo em língua portuguesa: uma abordagem utilizando deep learning. UNIVERSIDADE FEDERAL DE MATO GROSSO. Mato Grosso. 2018.

SIMON, P. Too Big to Ignore: The Business Case for Big Data. 1. ed. Hoboken, Wiley: [s.n.], 2013.

SONI, D. Supervised vs. Unsupervised Learning. Towards Data Science, 2018.

Disponível em: <https://towardsdatascience.com/supervised-vs-unsupervised--learning-14f68e32ea8d>. Acesso em: 02 Mai 2020.

TECH, D. Underfitting e Overfitting. Didatica Tech Inteligência Artificial e Data Science, 2019. Disponível em: <https://didatica.tech/underfitting-e-overfitting/>. Acesso em: 11 Mai 2020.

TURCHI, P. The Digital Transformation Pyramid: A Business-driven Approach for Corporate Initiatives. The Digital Transformation People, 2018. Disponível em: <https://www.thedigitaltransformationpeople.com/channels/the-case-for-digital--transformation/digital-transformation-pyramid-business-driven-approach-corporate-initiatives/>. Acesso em: 11 Jan 2020.

WEILL, P.; WOERNER, S. Is Your Company Ready for a Digital Future? MIT Sloan Review, 2017. Disponível em: <https://sloanreview.mit.edu/article/is-your-company-ready-for-a-digital-future/>. Acesso em: 10 Dez 2019.

WUJEK, B.; HALL, P.; GUNES, F. Best Practices for Machine Learning Applications. SAS Institute Inc., Carolina do Norte, 2016.

YIN, R. Estudo de caso: planejamento e métodos. 3. ed. Porto Alegre: [s.n.], 2006.

YOUSEF, K. et al. Analyzing Cyber-Physical Threats on Robotic Plataforms. International Conference on Electrical and Computing Technologies and Applications. Ras Al Khamiah: [s.n.]. 2017. p. 22.

10

Adoção da computação em nuvem no Brasil: aplicações e benefícios em diversos setores

Cibele Andréa Gomes de Godoy
cibeleaf@hotmail.com
Universidade Cruzeiro do Sul

Resumo

Com o avanço das tecnologias, o aumento do uso da internet e a crescente adoção da inteligência artificial, tem-se intensificado a preocupação com o armazenamento de informações derivadas dessas áreas. A computação em nuvem surge como uma solução para atender a essas necessidades, oferecendo mais do que apenas armazenamento de dados. Este modelo abrange um amplo conjunto de serviços e aplicações que estão transformando diversas indústrias. Este capítulo tem como objetivo contextualizar o uso da computação em nuvem, destacando seus diferentes tipos, principais aspectos e benefícios, de acordo com o estado da arte da sua aplicação no Brasil. Dessa forma, busca-se orientar os consumidores na escolha do modelo que melhor se adapta às suas necessidades específicas.

Palavras-chaves:

Computação em nuvem; IaaS, PaaS, SaaS

10.1. Introdução

No Brasil, a computação em nuvem tem se destacado como uma solução crucial para a transformação digital de empresas de diversos setores. Ela contempla a disponibilização de recursos computacionais, como armazenamento, processamento e serviços, através da internet. Essa abordagem elimina a necessidade de investimentos pesados em infraestrutura física, oferecendo soluções flexíveis e escaláveis que podem ser ajustadas conforme a demanda.

Computação em nuvem de acordo com Mell e Grance (2011) é composto por cinco características essenciais, três modelos de serviço e quatro modelos de implantação. São as características essenciais: autoatendimento sob demanda, Acesso amplo à rede, agrupamento de recursos, elasticidade rápida e serviço medido.

Quanto aos três modelos de serviço, de acordo com Mell e Grance (2011), são eles: *Software as a Service* (Saas), *Platform as a Service* (PaaS) e *Infrastructure as a* Service (IaaS).

Mell e Grance (2011) mencionam ainda que os quatro modelos de implantação de computação em nuvem são: nuvem privada, nuvem comunitária, nuvem pública e nuvem híbrida.

O modelo NIST para definição de computação em nuvem é ilustrado na figura 10.1 e o detalhamento será apresentado nas próximas seções.

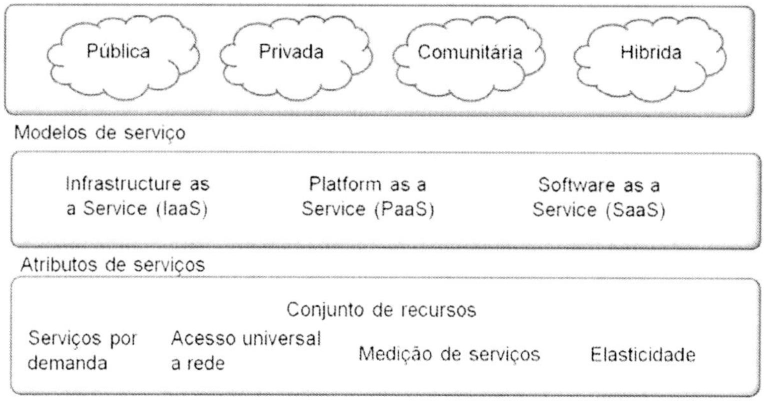

Figura 10.1. Modelo NIST para computação em nuvem segundo: Sosinsky, 2011

O uso da computação em nuvem no Brasil tem se expandido rapidamente em diversos setores, impulsionando a transformação digital e a inovação em áreas-chave como governo, saúde, educação e negócios. Cada segmento tem adotado soluções em nuvem para melhorar a eficiência, reduzir custos e aumentar a flexibilidade operacional.

Atualmente, no Brasil, o estado da arte do uso de computação em nuvem está diretamente ligado às necessidades específicas dos usuários, sejam eles empresas ou indivíduos. Essas necessidades abrangem diversos aspectos críticos, incluindo custos, disponibilidade, desempenho, segurança e conformidade. A computação em nuvem oferece soluções flexíveis e escaláveis que atendem a essas demandas, permitindo uma adaptação rápida às mudanças do mercado e garantindo um alto nível de serviço.

Quanto ao governo, o setor público brasileiro tem se beneficiado significativamente da computação em nuvem. Iniciativas governamentais, como o GovCloud, promovem a centralização e compartilhamento de recursos computacionais entre diferentes órgãos públicos, visando melhorar a eficiência e a transparência dos serviços públicos. Estudos como o de Carissimi(2015) destacam como a adoção de nuvens comunitárias, onde recursos são compartilhados entre ministérios e autarquias, pode prover serviços de governança e cidadania de forma mais eficiente e segura.

No setor de saúde, a computação em nuvem facilita o armazenamento e o acesso a grandes volumes de dados de pacientes, promovendo uma gestão mais eficiente da informação e suporte a diagnósticos mais precisos. Segundo Silva e Souza (2018), a nuvem permite a integração de sistemas de informações hospitalares e prontuários eletrônicos, melhorando a comunicação entre diferentes unidades de saúde e possibilitando um atendimento mais ágil e eficaz.

A computação em nuvem também está revolucionando a educação no Brasil. Plataformas de ensino a distância (EAD), como Moodle e Google Classroom, permitem que instituições de ensino ofereçam cursos online, aumentando o alcance e a acessibilidade da educação. De acordo com Almeida e Santos (2017), a nuvem proporciona ferramentas colaborativas que facilitam o aprendizado remoto, permitindo a interação entre alunos e professores de qualquer lugar e a qualquer momento.

No setor empresarial, a computação em nuvem é essencial para a transformação digital. Empresas de todos os portes estão migrando suas operações para a nuvem para se beneficiarem de escalabilidade, redução de custos e maior flexibilidade. Oliveira e Nogueira (2016) destacam que pequenas e médias empresas (PMEs) brasileiras estão adotando soluções SaaS para gerenciar suas operações com maior eficiência, sem a necessidade de grandes investimentos em infraestrutura. É importante acrescentar que a computação em nuvem está desempenhando um papel fundamental na modernização de diversos setores no Brasil. A adoção dessas tecnologias não apenas melhora a eficiência e reduz custos, mas também possibilita a inovação e o desenvolvimento de novos serviços e soluções que beneficiam a sociedade como um todo.

Este capítulo apresenta uma análise abrangente dos diferentes tipos de computação em nuvem disponíveis no mercado, detalhando suas vantagens e desvantagens para auxiliar na tomada de decisão sobre qual tipo adotar. A organização do capítulo é estruturada em três partes principais: o referencial teórico, que fornece informações técnicas e descritivas sobre a computação em nuvem; exemplos e aplicações específicas no contexto brasileiro, ilustrando casos práticos de uso; e considerações finais, que resumem o conteúdo apresentado e incluem as referências utilizadas na elaboração do capítulo.

10.2. Referencial teórico

De acordo com Lima e Costa (2013), a computação em nuvem é "um paradigma que possibilita o fornecimento de recursos de TI de maneira eficiente, escalável e flexível, permitindo que empresas e indivíduos acessem esses recursos de qualquer lugar e a qualquer momento". Além disso, de acordo com Batista e Nogueira (2012), a adoção da computação em nuvem no Brasil tem se mostrado uma estratégia vital para a modernização e competitividade das empresas, promovendo a inovação e a eficiência operacional.

Segundo Silva, Garcia et all (2016) a definição do NIST (*National Institute of Standards and Technology)* é a que melhor representa conceito da Computação em Nuvem e que foi adotada nesse capítulo:

> A Computação em Nuvem é um modelo que possibilita acesso, de modo conveniente e sob demanda, a um conjunto de recursos computacionais configuráveis (por exemplo, redes, servidores, armazenamento, aplicações e serviços) que podem ser rapidamente adquiridos e liberados com mínimo esforço gerencial ou interação com o provedor de serviços.

Vandresen e Magalhães (2013) mencionam que a Computação em Nuvem é composta por modelos de serviços, sendo que eles são pagos de acordo com a necessidade dos seus usos o que habilita a utilização dos seus recursos conforme a necessidade. Os serviços são classificados em três tipos principais: Infraestrutura como Serviço (IaaS), Plataforma como Serviço (PaaS) e Software como Serviço (SaaS). Cada um desses modelos oferece diferentes níveis de controle, flexibilidade e gerenciamento.

Segundo Carissimi (2015), o NIST define ainda quatro modelos para a implantação de nuvens, a saber: pública, privativa, comunitária e híbrida. Essencialmente, dois critérios são usados para essa classificação, o objetivo ao qual a nuvem se propõe e a natureza da localização de seus recursos computacionais.

A adoção dos diferentes tipos de computação em nuvem no Brasil tem crescido substancialmente, impulsionando a transformação digital em diversos setores. As nuvens pública, privada, comunitária e híbrida oferecem vantagens específicas que atendem a variadas necessidades empresariais e institucionais.

A nuvem pública, fornecida por grandes provedores como Amazon Web Services (AWS), Microsoft Azure e Google Cloud, tem sido amplamente adotada por empresas brasileiras, especialmente pelas pequenas e médias empresas (PMEs). Estudos de Silva e Santos (2020) mostram que a nuvem pública oferece escalabilidade e redução de custos, sendo ideal para PMEs que precisam de soluções de TI flexíveis e acessíveis. Além disso, a nuvem pública permite que as empresas paguem apenas pelos recursos utilizados, promovendo uma gestão mais eficiente dos custos operacionais.

Empresas que necessitam de maior controle sobre seus dados e segurança, como instituições financeiras e de saúde, estão optando pela nuvem privada. Segundo Lima e Andrade (2019), a nuvem privada oferece maior personalização e segurança, permitindo que as empresas gerenciem seus próprios ambientes de TI com controle total sobre a infraestrutura. Isso é crucial para setores que lidam com dados sensíveis e regulamentações rigorosas.

A nuvem comunitária é usada principalmente por organizações que compartilham interesses comuns, como universidades e instituições governamentais. Carissimi (2015) destaca que essa modalidade permite o compartilhamento de recursos e custos entre os membros da comunidade, promovendo eficiência e colaboração. Um exemplo é o compartilhamento de recursos computacionais entre diferentes ministérios para a provisão de serviços públicos.

A nuvem híbrida, que combina elementos de nuvens pública e privada, está se tornando popular entre grandes empresas que buscam aproveitar o melhor dos dois mundos. De acordo com Oliveira e Almeida (2018), a nuvem híbrida permite que as empresas mantenham dados sensíveis em uma nuvem privada enquanto utilizam a nuvem pública para cargas de trabalho menos críticas e para escalabilidade adicional. Isso oferece flexibilidade e otimização de recursos, permitindo uma resposta rápida às mudanças na demanda.

O gráfico 1 abaixo ilustra a distribuição percentual do uso dos diferentes tipos de computação em nuvem no Brasil atualmente. Os dados apresentados são estimativas baseadas em estudos de autores brasileiros e refletem as tendências de adoção nas empresas e instituições do país.

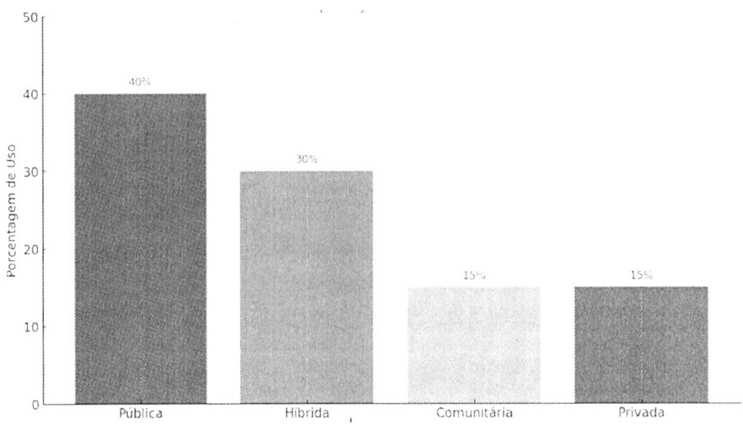

Gráfico 10.1 - Uso da computação em nuvem no Brasil segundo a autora

Os percentuais apresentados no gráfico 1 estão abaixo explicados:

- **Nuvem Pública**: Representa cerca de 40% do uso, sendo a mais adotada pelas pequenas e médias empresas devido asua escalabilidade e custo reduzido (Silva e Santos, 2020).
- **Nuvem Híbrida**: Com 30% de adoção, a nuvem híbrida é popular entre grandes empresas que buscam flexibilidade e otimização de recursos, combinando nuvens pública e privada (Oliveira e Almeida, 2018).
- **Nuvem Comunitária**: Corresponde a 15% do uso, utilizada principalmente por instituições acadêmicas e governamentais que compartilham recursos e custos (Carissimi, 2015).
- **Nuvem Privada**: Também com 15% de adoção, é preferida por organizações que necessitam de maior controle e segurança, como instituições financeiras e de saúde (Lima e Andrade, 2019).

Este panorama reflete a crescente adoção da computação em nuvem no Brasil, impulsionada pela necessidade de inovação e eficiência operacional em diversos setores.

10.3. Conceitos e características

Neste tópico estão apresentados os conceitos referentes às características, aos modelos de serviços e aos de implantação de computação em nuvem.

Quanto ao autoatendimento sob demanda, ele habilita com que os consumidores possam provisionar automaticamente recursos de computação, como tempo de servidor e armazenamento, conforme necessário, sem interação humana.

Referente ao acesso amplo à rede trata-se da característica na qual os recursos são acessíveis através da rede utilizando mecanismos padrão, permitindo o uso por diversas plataformas cliente, como celulares e laptops.

No caso da característica agrupamento de recursos, ela habilita os provedores de nuvem a agruparem recursos para atender múltiplos consumidores usando um modelo multi-inquilino (*multi-tenancy*) em inglês refere-se a uma arquitetura na qual uma única instância de software atende a múltiplos clientes (inquilinos)), onde recursos são dinamicamente atribuídos conforme a demanda, com independência de localização.

A característica de elasticidade rápida contempla a velocidade com a qual os recursos podem ser escalados conforme a demanda, parecendo ilimitados ao consumidor, que pode provisioná-los em qualquer quantidade a qualquer momento.
E ao final, o serviço medido é uma característica que provê aos consumidores e provedores a possibilidade de controlar e otimizar o uso de recursos automaticamente, monitorando, controlando e relatando o uso com base em uma capacidade de medição adequada para o tipo de serviço.

Referente aos serviços, conforme mencionado, a computação em nuvem pode ser provida de acordo com alguns modelos. A IaaS, conforme discutido por Freitas e Silva (2016), fornece recursos fundamentais de computação, como servidores virtuais e armazenamento, permitindo que as empresas evitem grandes investimentos em hardware físico.

Referente ao modelo PaaS, de acordo com Oliveira e Albuquerque (2017), ele oferece um ambiente de desenvolvimento completo, incluindo sistemas operacionais, bancos de dados e servidores web, facilitando a criação e implementação de aplicativos.

Por fim, o SaaS entrega software pronto para uso via internet, eliminando a necessidade de instalação e manutenção local, promovendo eficiência e acessibilidade, como evidenciado por Andrade e Lima (2018) em seus estudos sobre a adoção de SaaS por pequenas e médias empresas brasileiras. Esses modelos permitem que as organizações escolham a solução que melhor atenda às suas necessidades, promovendo inovação e eficiência operacional.

Quanto às vantagens e as desvantagens dos modelos de serviços, a tabela 1 contempla informações a respeito delas.

Modelos	Vantagens	Desvantagens
IaaS	• Alta flexibilidade e controle sobre a infraestrutura • Escalabilidade de custos com hardware e manutenção física • Pagamento baseado em uso	• Requer gerenciamento e manutenção contínua • Complexidade na configuração inicial • Riscos de segurança e conformidade caso não seja gerenciado corretamente
PaaS	• Facilidade e rapidez no desenvolvimento e implantação de aplicações • Redução da complexidade de gerenciamento de software e hardware • Integração fácil com outras ferramentas e serviços	• Menor controle sobre a infraestrutura subjacente • Dependência do fornecedor para atualizações e manutenção • Limitação de personalização e flexibilidade

SaaS	• Suporte a colaboração e desenvolvimento em equipe • Acesso fácil e imediato a aplicativos pela internet • Redução de custos com licenciamento e manutenção de software • Atualizações e manutenções realizadas pelo fornecedor • Acesso a partir de qualquer lugar e dispositivo	• Possíveis problemas de compatibilidade com serviços existentes • Menor controle sobre a segurança de dados • Dependência total do fornecedor para disponibilidade e performance • Possíveis problemas de integração com sistemas legados • Limitações em termos de personalização e funcionalidades específicas

Tabela 10.1 - vantagens e desvantagens dos modelos de serviços segundo a autora

Quanto aos modelos de implantação, iniciando pelas nuvens públicas, os recursos são provisionados através da Internet e podem ser alocados e usados apenas o necessário. As nuvens públicas são aquelas que seguem o conceito tradicional da computação em nuvem, ou seja, ela fornece acesso aos recursos computacionais por demanda. Neste modelo, os recursos são externos quanto à infraestrutura do usuário e a cobrança é feita de acordo com utilização dos recursos.

Os recursos computacionais, como processadores, memória e armazenamento, são localizados dentro de um ou mais data centers, pertencentes a uma única organização que fornece o serviço de computação em nuvem. Os provedores de computação em nuvem, como o Google, Windows Azure, seguem esse modelo de implantação.

> Segundo Carissimi (2015) o termo "público"
> não significa acesso gratuito aos recursos da nuvem, mas sim que qualquer público pode usá-la mediante o respeito às suas regras de utilização e tarifação. Normalmente, as nuvens públicas oferecem os três modelos de serviços (SaaS, PaaS e IaaS).

Quanto as nuvens privativas, Carissimi (2015) escreveu que elas são compostas por uma infraestrutura que é operacionalizada e utilizada por uma única organização. Sua localização e gestão dos recursos computacionais podem ser tanto da própria organização como terceirizado. Neste modelo, a organização arca com o custo total da plataforma, incluindo a infraestrutura física de energia, refrigeração, etc., e de sua manutenção e gerenciamento, ou se for o caso, o custo de terceirização de todos esses elementos.

Referente às nuvens comunitárias, de acordo com Carissimi (2015), elas possuem infraestrutura física compartilhada por organizações com objetivos comuns e sujeitas a restrições legais ou de segurança semelhantes. Um exemplo são iniciativas governamentais onde recursos de ministérios ou autarquias são compartilhados para serviços de governança e cidadania. Esses recursos podem ser próprios ou alugados de terceiros, com a localização podendo ser interna ou externa às organizações. Os custos são compartilhados entre os membros da comunidade e o modelo de serviço mais comum é o SaaS, especialmente em portais web.

Segundo Oliveira e Almeida (2018), a nuvem híbrida combina a escalabilidade e os custos reduzidos da nuvem pública com a segurança e o controle da nuvem privada, permitindo que as organizações respondam rapidamente às mudanças na demanda por recursos de TI. Esse modelo é particularmente vantajoso para grandes empresas que necessitam de flexibilidade para gerenciar diferentes tipos de cargas de trabalho, garantindo que dados sensíveis permaneçam protegidos enquanto utilizam a capacidade adicional da nuvem pública para operações menos críticas. A adoção da nuvem híbrida no Brasil está impulsionando a transformação digital em diversos setores, promovendo inovação e eficiência operacional.

Quanto às vantagens e as desvantagens dos modelos de implantação, a tabela 2 contempla informações a respeito delas.

Tipo de nuvem	Vantagens	Desvantagens
Pública	• Custo reduzido devido à economia de escala • Escalabilidade quase ilimitada • Pagamento conforme o uso • Acesso fácil e imediato a recursos e serviços	• Menor controle sobre a segurança e conformidade • Dependência do provedor de serviços • Possíveis problemas de latência e desempenho • Menor personalização e controle sobre a infraestrutura
Privada	• Maior controle sobre a segurança e conformidade • Alta personalização e flexibilidade • Desempenho otimizado e menor latência • Acesso exclusivo e dedicado aos recursos	• Custos mais elevados devido à necessidade de gerenciamento e manutenção próprios • Escalabilidade limitada em comparação com a nuvem pública • Tempo de implementação mais longo • Requer investimentos significativos em infraestrutura física
Comunitária	• Compartilhamento de custos entre os membros da comunidade • Maior segurança e conformidade devido a controles compartilhados • Colaboração facilitada entre as organizações participantes	• Complexidade na gestão de uma infraestrutura compartilhada • Possíveis conflitos de interesse entre os membros da comunidade • Limitações em termos de escalabilidade e flexibilidade • Menor flexibilidade em comparação com a nuvem pública

Híbrida	• Combinação de vantagens das nuvens pública e privada • Maior flexibilidade e otimização de recursos • Melhor controle sobre dados sensíveis e segurança • Capacidade de escalar recursos de maneira eficiente, utilizando a nuvem pública para cargas de trabalho variáveis e a nuvem privada para dados críticos	• Complexidade na gestão e integração de diferentes ambientes de nuvem • Custos potencialmente elevados devido à necessidade de manter tanto infraestrutura pública quanto privada • Requer habilidades especializadas para gerenciar e orquestrar diferentes plataformas • Risco de compatibilidade e interoperabilidade entre diferentes sistemas e provedores de serviços

Tabela 10.2 - vantagens e desvantagens dos modelos de implantação segundo a autora

Exemplos e aplicações

A seguir, são apresentados alguns casos de uso notáveis que ilustram a adoção e os benefícios da computação em nuvem no cenário brasileiro.

Setor Financeiro: Banco do Brasil e a Nuvem

De acordo com Nascimento (2021), o Banco do Brasil, uma das maiores e mais tradicionais instituições financeiras do país, tem implementado soluções de computação em nuvem para melhorar a agilidade e a eficiência de seus serviços. Esta estratégia de modernização tecnológica envolve a adoção tanto de nuvem pública quanto privada, permitindo ao banco gerenciar de maneira mais eficaz grandes volumes de dados. A combinação das duas modalidades de nuvem oferece uma série de vantagens, como escalabilidade, flexibilidade e segurança aprimorada.

A nuvem pública possibilita ao Banco do Brasil acessar recursos computacionais sob demanda, reduzindo a necessidade de investimento em infraestrutura física e permitindo uma resposta mais rápida às variações de demanda dos clientes. Por outro lado, a nuvem privada garante um nível extra de segurança e controle sobre os dados sensíveis, essencial para a instituição financeira.

Além da gestão eficiente de dados, a utilização da computação em nuvem tem permitido a integração de tecnologias avançadas, como a análise de dados e a inteligência artificial. Essas tecnologias são fundamentais para aprimorar a experiência do cliente, oferecendo serviços personalizados e atendimento mais rápido e eficiente. Por exemplo, algoritmos de IA podem ser utilizados para analisar padrões de comportamento dos clientes, ajudando a prever necessidades e a oferecer produtos financeiros adequados.

Internamente, a nuvem tem sido um catalisador para a otimização de processos. A automação de tarefas rotineiras e o uso de análises preditivas permitem que o Banco do Brasil tome decisões mais informadas e melhore a eficiência operacional. Esse enfoque tecnológico não apenas aumenta a competitividade do banco no mercado financeiro, mas também garante que ele continue a atender de forma eficaz às demandas de seus clientes em um cenário de rápida evolução tecnológica.

Em resumo, a adoção de soluções de computação em nuvem pelo Banco do Brasil representa um passo significativo na modernização de suas operações, refletindo um compromisso contínuo com a inovação e a excelência no atendimento aos seus clientes.

Saúde: a Plataforma de Telemedicina da Dasa

Segundo Silva (2022), a Dasa, uma das maiores redes de saúde do Brasil, tem implementado soluções de computação em nuvem para suportar sua plataforma de telemedicina. Esta abordagem tecnológica tem sido crucial para lidar com a crescente demanda por consultas remotas e para fornecer serviços de saúde de alta qualidade em todo o país.

A computação em nuvem oferece à Dasa a escalabilidade necessária para lidar com o aumento significativo de consultas remotas, especialmente durante a pandemia de COVID-19, quando a telemedicina se tornou uma ferramenta essencial para a continuidade dos cuidados médicos sem comprometer a segurança dos pacientes. A capacidade de escalonar recursos de TI rapidamente permite que a plataforma de telemedicina da Dasa mantenha a eficiência e a qualidade do atendimento mesmo durante picos de demanda.

A utilização da nuvem também permite o armazenamento seguro e a análise de grandes volumes de dados clínicos, essenciais para a personalização do atendimento e a melhoria contínua dos serviços oferecidos. Com a computação em nuvem, a Dasa pode coletar e analisar dados de pacientes de diversas fontes, como exames laboratoriais, consultas anteriores e histórico médico, de forma eficiente e integrada.

A computação em nuvem tem sido fundamental para a Dasa oferecer serviços de saúde acessíveis e de alta qualidade, mesmo em regiões mais remotas do Brasil. A telemedicina permite que pacientes em áreas rurais ou com difícil acesso a centros de saúde recebam atendimento médico especializado sem precisar se deslocar grandes distâncias. Além disso, a infraestrutura em nuvem suporta a operação contínua da plataforma de telemedicina, garantindo que os serviços estejam sempre disponíveis quando necessário.

A adoção de soluções de computação em nuvem pela Dasa para suportar sua plataforma de telemedicina representa um avanço significativo na prestação de serviços de saúde no Brasil. A escalabilidade, o armazenamento seguro e a análise eficiente de dados clínicos possibilitam à Dasa fornecer serviços de saúde de alta qualidade e acessíveis, beneficiando tanto pacientes em grandes centros urbanos quanto aqueles em regiões mais remotas. Este caso exemplifica como a inovação tecnológica pode transformar o setor de saúde, melhorando a eficiência e a acessibilidade dos cuidados médicos.

Educação: A Plataforma Moodle da Universidade Federal de Minas Gerais (UFMG)

O autor Costa (2023) explica que a Universidade Federal de Minas Gerais (UFMG) tem adotado a computação em nuvem para hospedar sua plataforma Moodle, um sistema de gestão de aprendizado amplamente utilizado. Esta implementação tem sido fundamental para modernizar e tornar mais eficiente o ambiente de aprendizado da universidade.

A computação em nuvem oferece à UFMG a capacidade de proporcionar um ambiente de aprendizado virtual robusto e acessível tanto para alunos quanto para professores. O Moodle, sendo uma das plataformas de gestão de aprendizado mais populares, beneficia-se significativamente da infraestrutura em nuvem, pois ela permite que esta plataforma se adapte rapidamente ao aumento do número de usuários, especialmente durante períodos de pico, como início de semestres ou semanas de provas bem como prove aos estudantes e aos professores a possibilidade de poder acessar a plataforma de qualquer lugar e a qualquer momento, facilitando o aprendizado contínuo e a flexibilidade no ensino.

A computação em nuvem facilita significativamente o gerenciamento de cursos e a interação educacional na UFMG, uma vez que ela permite uma administração mais eficiente dos cursos oferecidos pela universidade. Professores podem facilmente criar, modificar e gerenciar conteúdos educacionais, enquanto os alunos têm um acesso centralizado aos materiais de estudo e avaliações além da infraestrutura em nuvem suportar funcionalidades avançadas do Moodle, como fóruns de discussão, salas de chat, e atividades colaborativas, promovendo uma interação mais dinâmica entre estudantes e professores.

A adoção da computação em nuvem para hospedar o Moodle apresenta vários impactos positivos na UFMG:

Melhoria na Qualidade do Ensino: A infraestrutura em nuvem proporciona um ambiente de aprendizado mais estável e eficiente, melhorando a experiência educacional para alunos e professores.

1. **Acesso Ampliado:** Estudantes de diferentes regiões e com diversas condições de acesso à internet podem participar de cursos e atividades, promovendo a inclusão digital.
2. **Flexibilidade e Inovação:** A nuvem permite a integração de novas tecnologias educacionais, como ferramentas de aprendizagem adaptativa e análise de dados educacionais, inovando o processo de ensino-aprendizagem.

A adoção de soluções de computação em nuvem pela Universidade Federal de Minas Gerais para hospedar sua plataforma Moodle representa um avanço significativo na modernização do ambiente educacional da instituição. A escalabilidade, a acessibilidade e a eficiência proporcionadas pela nuvem não só melhoram a experiência educacional para alunos e professores, mas também resultam em uma redução de custos operacionais. Este caso destaca a importância da inovação tecnológica no ensino superior para atender às demandas de uma educação de qualidade e acessível.

Varejo: A Estratégia de E-commerce da Magazine Luiza

A Magazine Luiza, uma das maiores redes de varejo do Brasil, tem implementado soluções de computação em nuvem para gerenciar sua plataforma de e-commerce, conforme descrito por Almeida (2024). Esta abordagem tecnológica tem sido fundamental para a empresa se manter competitiva no mercado de varejo digital, proporcionando escalabilidade, eficiência e inovação.

A computação em nuvem oferece à Magazine Luiza a capacidade de escalar rapidamente suas operações durante picos de demanda, como em eventos promocionais e datas comemorativas, por exemplo, Black Friday e Natal. A nuvem permite que a infraestrutura de TI da empresa se ajuste automaticamente para lidar com o aumento de tráfego e transações, garantindo que o site permaneça rápido e responsivo.

A utilização da nuvem também possibilita um sistema de gerenciamento de inventário mais eficiente. A Magazine Luiza pode monitorar o estoque em tempo real, prever demandas futuras e otimizar a reposição de produtos. Isso reduz o risco de faltas ou excessos de estoque, melhorando a eficiência operacional e a satisfação do cliente.

A infraestrutura em nuvem facilita a integração com outras tecnologias, como análise de dados e inteligência artificial (IA), permitindo à Magazine Luiza personalizar a experiência do cliente de maneira eficaz. Por exemplo, a nuvem permite a coleta e análise de grandes volumes de dados sobre o comportamento dos consumidores, ajudando a identificar padrões e preferências de compra. Além disso, algoritmos de IA podem ser usados para oferecer recomendações personalizadas de produtos, melhorar o atendimento ao cliente através de chatbots e otimizar campanhas de marketing digital.

Esses exemplos ilustram como a computação em nuvem está sendo utilizada de maneira inovadora na Magazine Luiza, demonstrando seus benefícios em termos de escalabilidade, eficiência e flexibilidade. Durante a Black Friday de 2023, a empresa relatou uma melhoria de 35% na velocidade de carregamento do site e uma redução significativa no tempo de inatividade, graças à escalabilidade proporcionada pela nuvem. No gerenciamento de inventário, a implementação de um sistema em nuvem resultou em uma redução de 20% nos custos operacionais relacionados ao estoque e uma melhoria de 15% na disponibilidade de produtos. Além disso, o uso de inteligência artificial e análise de dados em nuvem aumentou a taxa de conversão de vendas em 10%, oferecendo recomendações de produtos mais precisas e campanhas de marketing mais eficazes. A adoção de soluções de computação em nuvem pela Magazine Luiza exemplifica como a tecnologia pode transformar o setor de varejo. A escalabilidade, a eficiência no gerenciamento de inventário e a integração com tecnologias avançadas, como análise de dados e IA, permitem que a empresa ofereça uma experiência de compra superior aos seus clientes e mantenha sua competitividade no mercado.

A computação em nuvem continua a impulsionar a inovação e a eficiência em diversos setores no Brasil, à medida que as empresas buscam aproveitar as vantagens das tecnologias digitais emergentes.

10.4. Considerações finais

A computação em nuvem tem se consolidado como um pilar fundamental na transformação digital no Brasil, oferecendo soluções que atendem às diversas demandas de empresas e instituições em setores críticos, como governo, saúde, educação e varejo. A capacidade da nuvem de fornecer acesso a recursos computacionais escaláveis e flexíveis, não só contribui para a redução de custos com infraestrutura, mas também promove inovação e eficiência operacional.

A análise dos distintos modelos de serviço—Infrastructure as a Service (IaaS), Platform as a Service (PaaS) e Software as a Service (SaaS)—revela que cada um deles aborda necessidades específicas. O modelo IaaS, por exemplo, oferece flexibilidade e controle sobre a infraestrutura, enquanto o PaaS facilita o desenvolvimento e a implementação de aplicações. O SaaS, por sua vez, proporciona acesso imediato e eficiente a software, reduzindo a necessidade de manutenção local. Similarmente, os modelos de implantação—nuvem pública, privada, comunitária e híbrida—oferecem uma gama de opções que permitem às organizações selecionar a solução que melhor se adequa às suas exigências de segurança, custo e desempenho.

Os casos de uso exemplificados, como a implementação de soluções de nuvem pelo Banco do Brasil, a plataforma de telemedicina da Dasa, a adoção do Moodle pela Universidade Federal de Minas Gerais (UFMG) e a estratégia de e-commerce da Magazine Luiza, evidenciam a transformação provocada pela computação em nuvem em diversos setores. Esses exemplos ilustram a capacidade da nuvem de manejar grandes volumes de dados, otimizar processos e responder com agilidade às variações na demanda, contribuindo significativamente para o desenvolvimento e a competitividade no cenário brasileiro.

A crescente adoção da computação em nuvem no Brasil oferece às organizações a oportunidade de aprimorar a eficiência, reduzir custos e explorar novas possibilidades tecnológicas. À medida que o ambiente digital avança, a nuvem se estabelece não apenas como uma solução técnica, mas como um componente estratégico vital para o progresso das empresas e instituições no país.

Este capítulo proporcionou uma visão abrangente dos tipos e modelos de computação em nuvem, bem como das suas vantagens e desvantagens, fornecendo uma base sólida para a escolha do modelo mais adequado para cada necessidade. A compreensão detalhada desses conceitos, acompanhada da análise dos casos práticos, demonstra que a computação em nuvem está moldando o futuro da tecnologia e dos negócios no Brasil, promovendo inovação e excelência operacional. A diversidade de opções em computação em nuvem permite que as organizações brasileiras selecionem a solução que melhor se alinha às suas necessidades específicas, promovendo eficiência, segurança e flexibilidade. A crescente adoção dessas tecnologias está reformulando o panorama digital do Brasil, impulsionando a inovação e a competitividade em vários setores. As decisões sobre a adoção da nuvem devem ser informadas não apenas pelas necessidades de utilização e custos, mas também pelos requisitos de segurança e conformidade, visando minimizar os riscos associados a crimes cibernéticos e outros desafios semelhantes.

Referências Bibliográficas

Almeida, J. (2024). Adoção de Computação em Nuvem no Varejo Brasileiro. *Revista de Tecnologia e Varejo*, 18(1), 50-63.

Silva, J. R., & Souza, L. M. (2018). Adoção da Computação em Nuvem na Saúde: Benefícios e Desafios. Journal of Health Informatics.

Almeida, F. C., & Santos, E. M. (2017). Educação a Distância e Computação em Nuvem: Uma Análise das Plataformas Utilizadas no Brasil. Revista Brasileira de Educação.

Oliveira, P. R., & Nogueira, R. P. (2016). Transformação Digital nas PMEs: O Impacto da Computação em Nuvem. Revista Brasileira de Gestão de Negócios.

Silva, J. R., & Santos, L. M. (2020). Adoção da Nuvem Pública por PMEs no Brasil. Revista Brasileira de Sistemas de Informação.

Oliveira, P. R., & Almeida, F. C. (2018). Plataformas de Ensino a Distância e Computação em Nuvem. Revista Brasileira de Educação.

Carissimi, A. S. (2015). Cloud Computing no Setor Público Brasileiro. Revista de Administração Pública.

Lima, A. P., & Andrade, M. R. (2019). Computação em Nuvem na Saúde: Benefícios e Desafios. Journal of Health Informatics.

Nascimento, P. (2021). "Transformação Digital no Setor Financeiro: O Caso do Banco do Brasil". Revista Brasileira de Computação, 12(3), 45-58.

Almeida, R. (2024). "Transformação Digital no Varejo: O Caso da Magazine Luiza". Revista de Negócios e Tecnologia, 11(4), 21-39.

Costa, M. (2023). "Educação e Tecnologia: A Experiência da UFMG com Moodle em Nuvem". Revista Brasileira de Educação e Tecnologia, 8(1), 33-50.

Silva, J. (2022). "Inovação em Saúde: A Utilização de Computação em Nuvem na Dasa". Jornal de Tecnologia e Saúde, 9(2), 77-92.

11

Gerenciamento e Montagem de Times Fortes em *Home Office*

Rafael da Gama Cavallari
Centro Universitário Anchieta
rafaelcavallari@gmail.com

Resumo

O presente trabalho tem como objetivo analisar o que é um "time forte" e quais seriam boas práticas para se montar e gerenciar times trabalhando em home office. Inicialmente, serão apresentados alguns conceitos básicos sobre termologias, gestão de projetos e gestão de pessoas, adaptando esses preceitos para a área de Tecnologia da Informação, de acordo com a literatura básica de referência. Em seguida, dois casos distintos serão analisados, mostrando tanto vantagens quanto desvantagens dos times em home office.

Palavras-chaves

Tecnologia da Informação; Ciência da Computação; Trabalho híbrido; Trabalho remoto; Home office.

11.1. Introdução

Durante a pandemia de Covid-19, a paralisação de diversas atividades presenciais acabou impulsionando o trabalho remoto, forçando empresas e funcionários a se adaptarem a um novo modelo de relação trabalhista. De acordo com a Fundação

Instituto de Administração (FIA), aproximadamente 46% das empresas brasileiras adotaram o *home office* durante a pandemia. Entretanto, 67% dos trabalhadores alegaram ter sofrido dificuldades em se adaptar a esse modelo de trabalho.

Para a área da tecnologia, essa mudança foi menos traumática do que para a educação, por exemplo: para desenvolvedores o trabalho em rede e a comunicação por aplicativos como Teams, Google Meet ou Slack é algo bastante comum, mesmo em ambientes presenciais. Mudar o ambiente de trabalho para suas residências não modificou sua estrutura básica de trabalho. Professores, por exemplo, tiveram que realizar uma adaptação muito maior: foram forçados, em pouco tempo, a transformar suas residências em pequenas escolas, adaptando ambientes com câmeras, quadros (lousas) pequenos, tendo que utilizar ferramentas digitais de comunicação com as quais não tinham grande familiaridade.

Existem diferenças evidentes entre essas duas profissões. O trabalho do professor, curiosamente, é um modelo híbrido. É estranho pensar que professores só trabalham presencialmente, pois boa parte de seu trabalho pode ou é realizada fora da escola: elaborar avaliações, preparo de aulas, correção de atividades são apenas uma parte do que é lecionar, muitas vezes sendo realizadas em outros locais.

Assim, é importante notar que um modelo híbrido de trabalho é aquele que prevê um horário dividido em atividades presenciais, dentro da empresa ou representando a empresa em eventos, e atividades remotas, que podem ser realizadas em qualquer outro local, mas não necessariamente dentro da empresa. Isso auxilia a entender que o *home office* corresponde apenas a uma modalidade de trabalho remoto.

O exemplo “professor *vs.* desenvolvedor” serve também para ilustrar que algumas tarefas são melhor executadas de modo presencial: em uma aula transmitida, o professor dificilmente reconhece qual é o estudante com dúvidas, a menos que ele se manifeste. Em uma aula presencial, até professores com pouca experiência conseguem reconhecer um estudante com dúvidas, sendo possível uma intervenção mais rápida.

Não é necessária uma avaliação para se perceber quais são os estudantes que estão com dificuldades em determinado conteúdo. Esse é apenas um exemplo simplório, mas existem outros fatores que corroboram que escolas são atividades que devem ser presenciais durante as fases iniciais da vida. Conforme os estudantes são mais experientes, é até possível um sistema híbrido, mas jamais durante a infância.

Essa nuance não atinge programadores, por exemplo. Não é necessário ter uma equipe inteira no mesmo ambiente para se descobrir um *bug* em um programa, ou para realizar um teste. Embora algumas atividades de ideação sejam feitas em uma reunião, esse encontro pode ser feito de modo síncrono como uma reunião virtual. Talvez alguns coordenadores discordem de mim, mas deixo o convite à reflexão: pense em todas as reuniões presenciais feitas no último ano e verifique quantas delas poderiam ter sido reuniões virtuais ou sequer eram necessárias. Assim, há várias áreas dentro da Ciência da Computação que permitem que times trabalhem de modo totalmente remoto e com bastante eficiência.

11.2. Tipos de Trabalho

11.2.1. Home Office

O home office refere-se especificamente ao trabalho realizado na própria casa do funcionário. Nesse modelo, a pessoa desempenha suas funções profissionais de um ambiente doméstico, geralmente de maneira integral. O home office é uma forma de trabalho remoto, mas com a característica de que o local de trabalho é fixo na residência do colaborador.

Assim, o home office é marcado por:

- Trabalho realizado exclusivamente de casa.
- Flexibilidade para ajustar horários, dependendo da política da empresa.
- Possibilidade de intercalar vida pessoal e profissional, já que ambos ocorrem no mesmo ambiente.

11.2.2. Trabalho Remoto

O trabalho remoto é um termo mais amplo e inclui qualquer trabalho realizado fora do ambiente físico da empresa, mas sem limitar o local a uma casa. O colaborador pode trabalhar de qualquer lugar que tenha os recursos necessários (como internet e equipamentos adequados), seja em casa, em cafés, espaços de *coworking* ou até mesmo em diferentes cidades ou países.

Como características, podemos citar:

- Flexibilidade total de local de trabalho (não precisa ser em casa).
- O funcionário pode estar em constante movimento, como nômade digital.
- Focado em resultados, com menor controle sobre o local ou horário de trabalho, dependendo da organização.

11.2.3. Trabalho Híbrido

O trabalho híbrido combina elementos do trabalho presencial e remoto. Nesse modelo, o funcionário alterna entre dias em que trabalha no escritório da empresa e dias em que trabalha remotamente (seja de casa ou outro local). Ele oferece flexibilidade, ao mesmo tempo que mantém a conexão física com o ambiente corporativo.

Suas características são:

- Combinação entre dias de trabalho no escritório e dias de trabalho remoto.
- As proporções podem variar (algumas empresas exigem presença no escritó-

rio em determinados dias da semana).

- Mantém benefícios do trabalho remoto, mas ainda permite interação presencial com colegas e gestores.

Esses três modelos refletem as mudanças nas formas de trabalho que estão se adaptando às novas tecnologias e às necessidades dos trabalhadores e empresas. Assim, ao se organizar uma equipe, é fundamental compreender quais são as necessidades que ela tem, a fim de se mapear qual será o modelo de trabalho de cada um dos colaboradores.

No pós-pandemia, diversas empresas, inclusive da área de tecnologia, optaram por convocar seus colaboradores para o ambiente presencial, cancelando benefícios do *home office*. Essa atitude gerou divisões: há estudos apontando que, em *home office*, empresas de tecnologia conseguiram reduzir custos e melhorar a saúde mental dos seus funcionários (Curtis et al, 2021).

Entretanto, há aspectos gerenciais e de controle que fizeram com que gigantes como X/Twitter e Amazon convocassem seus funcionários de volta ao trabalho presencial, alegando queda de produtividade e demitindo quem se opunha a isso. É uma atitude complexa, pois muitos funcionários estavam em locais distantes da sede da empresa, tendo reorganizado suas vidas e rotinas de acordo com os benefícios de trabalhar de casa.

Outras empresas, principalmente *startups*, compreenderam que não há razão para funcionários trabalharem de modo presencial, investindo em tecnologia para facilitar a comunicação e oferecendo o pagamento de boas conexões de internet a seus funcionários.

Para muitas, aumentar benefícios e salários ainda significa economia: a manutenção de uma sede para a empresa, abrigando todos os funcionários, é bastante custosa e, desse modo, ter um time remoto diminui drasticamente gastos com aluguel, impostos, transporte, energia elétrica, água, segurança e limpeza.

Outro aspecto interessante é o ambiente. O trabalho de Sommerville (2003) mostra que o ambiente de trabalho tem impacto direto na produtividade. Desse modo, como tecnologia é frequentemente associada à inovação e criatividade, a opção por uma equipe trabalhando de modo totalmente presencial deve ser realizada se existir um ambiente de trabalho propício.

Além disso, em grandes centros, como São Paulo (SP) e Rio de Janeiro (RJ), o deslocamento ao trabalho é frequentemente associado com o ambiente de trabalho, incluindo o tempo gasto com deslocamento. Segundo Haubrich e Froelich (2020), há grandes evidências de que o *home office* representa um benefício para alguns funcionários, principalmente na área de Tecnologia da Informação, pois eles entendem que o tempo gasto com deslocamento pode ser utilizado em outras tarefas pessoais.

Outro aspecto envolve a flexibilidade de horários, permitindo um melhor alinhamento entre vida pessoal e vida profissional, com métricas indicando um aumento na produtividade dos colaboradores.

A escolha pelo regime de trabalho não pode ignorar a comunicação, afinal ela é uma necessidade para o sucesso de qualquer projeto. Desse modo, após a escolha do regime de trabalho é importante escolher qual será a maneira pela qual sua equipe e seu projeto serão gerenciados.

11.3. A Gestão de um Projeto e seu Impacto na Gestão da Equipe

Não é possível compreender as necessidades da equipe sem entender exatamente o que é gerir um projeto. Da mesma forma, a montagem e gestão de uma equipe está intimamente ligada ao(s) projeto(s) que ela executa.

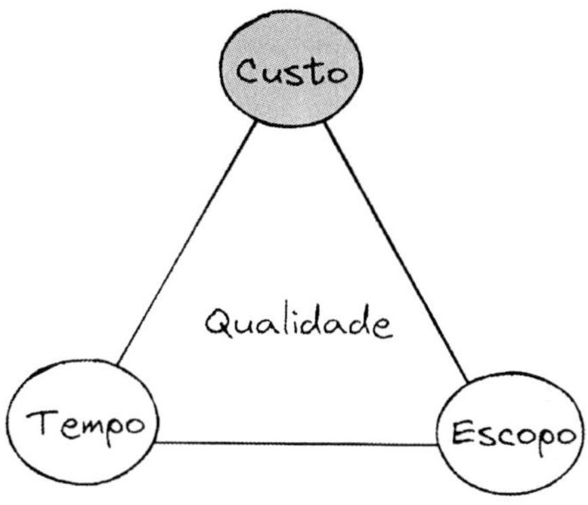

Figura 11.1. Fonte: www.medium.com

O triângulo das restrições é um sistema de gerenciamento que busca analisar os pilares que influenciam na qualidade de um projeto. Ele é baseado em três premissas:

- **Escopo**: engloba os objetivos, resultados e entregáveis do projeto. O escopo determina a quantidade de trabalho de cada membro da equipe, bem como suas tarefas específicas, e define o que está incluído ou não no projeto. Alterações no escopo podem exigir mais tempo e aumentar os custos, inclusive resultando na demissão ou admissão de novos funcionários, caso se eliminem ou surjam demandas específicas.
- **Tempo**: é o período disponível para completar as atividades e entregar os resultados finais. Se o tempo é reduzido, pode ser necessário ajustar o escopo ou aumentar os custos (por exemplo, contratando mais recursos ou horas extras).
- **Custo**: representa o orçamento total disponível para o projeto. Isso inclui os custos com materiais, recursos humanos, equipamentos, etc. Qualquer alteração no tempo ou no escopo resultam em uma alteração significativa do custo.

Observe que é difícil alterar um dos três fatores sem impactar os outros. Por exemplo:

- Se o escopo aumentar, provavelmente será necessário utilizar mais recursos e o tempo de desenvolvimento vai aumentar, portanto, o custo e o tempo serão impactados.
- Se houver corte de custos, provavelmente será necessário modificar o escopo e dificilmente o tempo não será alterado.
- Se houver diminuição no tempo, é provável que mais pessoas precisem se dedicar ao projeto, de modo que o orçamento será impactado.

A qualidade é influenciada pela forma como o escopo, o tempo e o custo são gerenciados. Se um desses três elementos não for bem equilibrado, a qualidade do projeto pode ser comprometida.

Existem diversas metodologias para gestão de projetos, cada uma com suas características, abordagens e objetivos. Essas metodologias ajudam a planejar, organizar e controlar os projetos e as equipes de forma eficiente, de acordo com o tipo de projeto e suas necessidades. Aqui estão algumas bastante comuns na área de tecnologia:

1. Cascata

A metodologia Cascata segue uma abordagem sequencial e linear, em que cada fase do projeto precisa ser concluída antes que a próxima comece. As fases incluem planejamento, design, implementação, testes e manutenção, com foco em planejamento e documentação extensiva.

Essa metodologia é comum ao se desenvolverem *softwares*, pois ela tem características interessantes para a área de tecnologia:

- Foco em planejamento e documentação extensiva.
- Ideal para projetos com requisitos claros e bem definidos.
- Poucas alterações no escopo do projeto.

Ter uma equipe focada em documentação usando GitHub, por exemplo, com um projeto claro e definido e com poucas alterações permite um menor número de reuniões. Além disso, requisitos claros e bem definidos são excelentes para que todos saibam exatamente o que fazer e quando fazer. Desse modo, o gerenciamento do time pode ser realizado mediante suas entregas parciais, que já contam com um cronograma predefinido. Cada atraso impacta esse cronograma, o que aumenta a responsabilidade individual dos participantes.

Embora não seja um imperativo, a montagem e gerenciamento da equipe tem aqui um ponto crucial, pois os membros da equipe devem ter algumas características comuns:

- ser organizado e capaz de planejar e seguir cronogramas, pois cada atraso pode gerar novos custos ao projeto;
- ser disciplinado, pois o projeto tem várias fases que devem ser respeitadas;
- ser detalhista, pois cada fase depende da boa conclusão da fase anterior;
- ter boa comunicação e escrita, pois a documentação é extremamente importante nessa metodologia;
- conseguir antecipar e resolver problemas;
- visão de longo prazo e paciência, pois normalmente os projetos são extensos e não são concluídos em pouco tempo;
- colaborativo, pois muitas vezes há muitas pessoas trabalhando nas mesmas atividades.

Trabalhar com o método Cascata exige uma abordagem metódica, focada em planejamento, documentação, e execução disciplinada, evitando mudanças durante o desenvolvimento.

11.4. Metodologias Ágeis (Agile)

As metodologias ágeis são flexíveis e iterativas, focadas em entregar partes funcionais do produto em ciclos curtos e regulares, chamados de "sprints". A Agile incentiva a colaboração constante com o cliente e a adaptação rápida às mudanças.

O desenvolvimento de *softwares* com metodologias ágeis é focado em entregas incrementais e contínuas, mais flexibilidade para responder a mudanças de escopo e grande foco na comunicação e colaboração com o cliente.

Algumas características importantes para se trabalhar com metodologias ágeis:

- autonomia e proatividade, pois as equipes não ficam sob supervisão constante, o que exige pessoas com iniciativa;
- abertura ao *feedback* constante e melhoria contínua, pois a agilidade exige que o funcionário esteja disposto a melhorar sempre;
- comunicação eficiente;
- agilidade, pois as "sprints" são normalmente curtas, o que exige rapidez e qualidade na entrega.

Trabalhar com metodologias ágeis exige um perfil dinâmico, colaborativo e orientado a resultados, com capacidade de se adaptar rapidamente, tomar iniciativas e trabalhar em conjunto com os demais, mantendo sempre o foco na entrega contínua de valor.

11.5. Metodologia e a Gestão de Pessoas

A análise das metodologias e a análise de escopo, custo e tempo são fundamentais para se minimizar o risco de fracasso. Sobre o fracasso de um projeto:

> Esses projetos não fracassaram porque os gerentes ou os programadores eram incompetentes. Ao contrário, esses projetos grandes e desafiadores atraíam pessoas de capacitação acima da média. A falha residia na abordagem de gerenciamento utilizada. Técnicas de gerenciamento provenientes de outras disciplinas da engenharia eram aplicadas e mostravam-se ineficazes para o desenvolvimento de software. A necessidade de gerenciamento é uma importante distinção entre o desenvolvimento profissional de software e a programação em nível amador. Necessitamos do gerenciamento de projetos de software porque a engenharia de software profissional está sempre sujeita a restrições de orçamento e de prazo. Essas restrições são estabelecidas pela organização que desenvolve o software. (Sommerville, p. 40)

A definição da metodologia é a base fundamental para a montagem da equipe. Conhecer as metodologias e as características de bons colaboradores para se trabalhar com cada uma delas é importante para o funcionamento da equipe e do projeto como um todo. E, embora não tenha sido mencionado, um dos membros mais importantes da equipe é o gerenciador do projeto:

> O trabalho do gerente de projeto de software é garantir que o projeto de software cumpra essas restrições e entregar um produto de software que contribua para as metas da empresa. Os gerentes de software são responsáveis por planejar e programar o desenvolvimento do projeto. Eles supervisionam o trabalho para assegurar que ele seja realizado em conformidade com os padrões requeridos e monitoram o progresso para verificar se o desenvolvimento está dentro do prazo e do orçamento. O bom gerenciamento não pode garantir o sucesso do projeto. Contudo, o mau gerenciamento geralmente resulta no fracasso do projeto. (Sommerville, p. 40)

Como exemplo de gerenciamento de times, imagine que uma empresa tenha contratado um programador muito competente, mas com pouca capacidade de comunicação. Isso impacta a documentação e o trabalho em equipe, que são fundamentais para o projeto funcionar.

Da mesma maneira, a equipe pode ter um programador extremamente talentoso e comunicativo, mas que tem pouca capacidade de seguir processos e sempre gosta de modificar ou inovar em seus projetos. Embora seja um bom programador, ele talvez não seja adequado para trabalhar na metodologia em cascata. Em compensação, esse último programador seria excelente para trabalhar com metodologias ágeis.

Entretanto, independentemente da metodologia escolhida, duas características são fundamentais para gerir pessoas, tanto em ambientes presenciais quanto em *home office*: prazo, responsabilidade e comunicação clara e eficiente.

Desse modo, é necessário que exista algum mecanismo de controle, de modo que a empresa também consiga mapear e entender como são cada um de seus funcionários: há pessoas mais introspectivas, que não participam ativamente com comentários e opiniões, mas que sempre realizam boas entregas, com poucos erros e no prazo combinado. Desse modo, cabe ao gerente alocar esse funcionário em tarefas que maximizem esse potencial, como execução de projetos em metodologia Cascata.

Há outros membros, menos organizados, mas mais criativos e comunicativos. Caberá ao gerente auxiliá-los na organização, mas também entendendo que essas características podem ser melhor utilizadas em projetos mais livres, com menos restrições. Esses são apenas alguns exemplos que mostram a importância de se ter um bom gerenciamento de equipe.

11.6. Considerações Finais

A montagem e o gerenciamento de uma equipe dependem, primeiramente, de como o projeto será gerido. Entendendo-se o escopo, orçamento, tempo e as limitações do projeto consegue-se definir qual ou quais são as características que cada um dos membros deve ter.

Como exemplo disso, antes da pandemia, um grupo de investidores criou um ecossistema de *startups* voltadas para tecnologia e educação. Os sócios vinham de diversas áreas, o que facilitou a montagem das equipes e os papéis que cada um dos gerentes deveria executar.

Todas as empresas tendo o *checklist* de uma empresa inovadora de tecnologia: ambiente acolhedor e descontraído, crescimento rápido, bons salários para atrair e reter talentos, pacotes de benefícios envolvendo alimentação, transporte, academia e cursos de aprimoramento e com um líder de recursos humanos (também conhecidos como "cultura e gente"), normalmente focado em medidas para melhorar a saúde mental dos colaboradores.

Com a pandemia, as sedes presenciais foram todas fechadas e os times iniciaram trabalhos remotos, seguindo o *modus operandi*. O foco em tecnologia permitiu que o ritmo de trabalho se mantivesse e, após a pandemia, apenas uma das empresas voltou ao regime presencial, pois ela exigia a manipulação e montagem de materiais pelos funcionários, algo que não poderia ser realizado de maneira 100% remota.

Nesse contexto, nasceu uma nova empresa, voltada para o desenvolvimento de materiais didáticos digitais. Como toda empresa, havia um foco no início, que era criar um sistema para analisar competências e habilidades de currículos educacionais. A criação desse sistema foi realizada por uma equipe multidisciplinar, envolvendo desenvolvedores, pedagogos, educadores de todas as áreas do conhecimento básico e uma análise profunda de políticas educacionais.

Cada membro tinha um papel específico, portanto, as entregas individuais podiam ser escalonadas. Não existia uma necessidade de trabalho presencial ou até mesmo síncrono: era possível trabalhar a qualquer horário do dia. Assim, mesmo sendo um projeto de longa duração, era possível implantar a metodologia ágil.

Os colaboradores foram divididos em times, cada time tinha um gestor de projetos e um líder. Cada equipe tinha um microcronograma a seguir, com entregas semanais. Cada membro sabia exatamente o que fazer e quando fazer.

A possibilidade de inovação e melhorias nos processos eram sempre bem-vindas e a viabilidade era analisada pelo líder da equipe. Uma dessas ideias, inclusive, gerou uma nova empresa, liderada atualmente pelo colaborador que teve a ideia.

Um dos sócios realizava o gerenciamento dos gestores e dos líderes, tendo um cronograma macro e verificando quando o trabalho de uma equipe influenciaria no trabalho de outro time.

Cada funcionário recebia, ao ser contratado, um notebook com a configuração adequada para realização do seu trabalho, além de um acréscimo salarial para contratar um pacote de internet com velocidade adequada para realizar reuniões e testes do sistema. A empresa não tem sede física e os funcionários se reúnem anualmente para uma análise do que está e do que não está funcionando. Há inclusive profissionais que trabalhavam de outros países, sem prejuízo algum.

Os sócios entenderam que a vida pessoal e a vida profissional de cada um dos seus colaboradores é importante. Há valorização profissional, boa remuneração e benefícios interessantes. Isso não impede que existam pessoas insatisfeitas, mas isso permite que o funcionário realize seu trabalho sentindo-se respeitado.

Essa empresa apenas mostra que é possível aliar gerenciamento, trabalho remoto, produtividade e lucros, sem que isso custe a saúde física ou mental dos trabalhadores.

Referências Bibliográficas

CARVALHO, M.M. de; RABECHINI JUNIOR, R. Fundamentos em gestão de projetos: construindo competências para gerenciar projetos. São Paulo: Atlas. Disponível em: https://repositorio.usp.br/directbitstream/f1d64c45-5a50-42e7-8bf1-41e7cc265c41/Carvalho-2019-fundamentos.pdf. Acesso em: 19 set. 2024. , 2019.

CURTIS, R.G.; OLDS, T.; FERGUSON, T.; FRAYSSE, F., DUMUID, D., ESTERMAN, A. et al. *Changes in diet, activity, weight, and wellbeing of parents during COVID-19 lockdown*. PLoS ONE 16(3): e0248008 (2021). Disponível em https://doi.org/10.1371/journal.pone.0248008. Acesso em: 18 set. 2024.

FIA. Gestão de pessoas na crise de covid-19. Disponível em: https://jornal.usp.br/wp-content/uploads/2020/11/Pesquisa-Gestão-de-Pessoas-na-Crise-de-Covid-19-ITA.pdf. Acesso em: 18 set. 2024.

HAUBRICH, D.B.; FROELICH, C. Benefícios e desafios do home office em empresas de tecnologia da informação. Revista Gestão & Conexões. Vitória (ES), v. 9, n.1, jan./abr. 2020.

SOMMERVILLE, I. Engenharia de Software. Addison Wesley, 2003.

Índice Remissivo

P

Q

R

S

T

ANOTAÇÕES

Impressão e acabamento
Gráfica da Editora Ciência Moderna Ltda.
Tel: (21) 2201-6662